Gebauer | Olympische Spiele. 100 Seiten

* Reclam 100 Seiten *

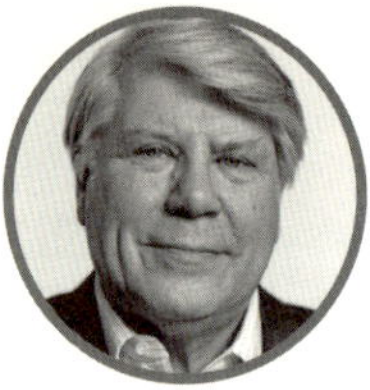

GUNTER GEBAUER, geb. 1944, emeritierter Professor für Philosophie und Sportsoziologie an der FU Berlin, ist seit seiner Jugend mit dem olympischen Milieu vertraut. Als ehemaliger Leistungssportler (Weitsprung) kennt er zahlreiche Medaillengewinner und olympische Sportstätten persönlich. Er ist Autor vieler Bücher, u. a. von *Das Leben in 90 Minuten. Eine Philosophie des Fußballs* (2016).

Gunter Gebauer

Olympische Spiele. 100 Seiten

Reclam

2020 Philipp Reclam jun. Verlag GmbH,
Siemensstraße 32, 71254 Ditzingen
Umschlaggestaltung nach einem Konzept von zero-media.net
Infografik (S. 68 f.): annodare GmbH, Agentur für Marketing
Bildnachweis: S. 2: © The Picture Art Collection / Alamy Stock Foto; S. 35: © akg-images; S. 42: © Granger Historical Picture Archive / Alamy Stock Foto; S. 52: © imago images / Sammy Minkoff; S. 87: © Hulton Archive
Druck und Bindung: Kösel GmbH & Co. KG,
Am Buchweg 1, 87452 Altusried-Krugzell
Printed in Germany 2020

ISBN 978-3-15-020558-7

Auch als E-Book erhältlich

www.reclam.de

Für mehr Informationen zur 100-Seiten-Reihe:
www.reclam.de/100Seiten

Inhalt

Rom 1960, vor dem Fernseher – als wir alles noch vor uns hatten

Das Wohnzimmer meiner Eltern war abgedunkelt, wegen der Sonne. Die meisten von uns saßen in der Polsterecke, andere wie ich auf Stühlen um den Tisch herum, mein jüngerer Bruder Heiko hockte mit seinen Freunden auf dem Teppichboden. Die ganze Leichtathletik-Trainingsgruppe war da; wir waren B-Jugend, 15 bis 16 Jahre. Dieter war gekommen – er war Trainer, wusste alles über den olympischen Sport und studierte an der Kieler Universität. Mein Vater war gegen das Fernsehen. Vor den Olympischen Spielen 1960 ging er los und kaufte ein großes Standgerät mit abschließbaren Türen. Der Fernseher sollte nur zu den Spielen angestellt werden. Im Spätsommer hatten wir fast täglich auf dem Holsteinplatz trainiert; dabei war die Saison für uns schon vorbei. Wir trainierten für Rom, nach dem Training fuhren wir mit dem Rad zu uns nach Hause, zum Fernsehen: olympische Leichtathletik.

Einige der Stars hatten wir schon einmal aus der Ferne gesehen, bei den Deutschen Hallenmeisterschaften in der Kieler Ostseehalle. Armin Hary, er wirkte merkwürdig nervös, aber er hatte im selben Jahr einen neuen Weltrekord über 100 m aufgestellt. Jetzt kniete er im Olympiastadion von Rom in den

Startblöcken: das Finale. Dieter sagte: »Hary hat nur eine Chance gegen die Amis, wenn er einen Blitzstart erwischt«. Hary schoss aus den Blöcken, aber es war ein Fehlstart. Im Wohnzimmer machte sich Unruhe breit. »Hary hat starke Nerven«, das war mein Vater, der von der Arbeit gekommen war und sich schnell zwischen uns setzte. Und seine Worte hatten Gewicht. Mein Vater war Starter für den Leichtathletikverband. Er hatte Hary seinerzeit in der Kieler Ostseehalle gestartet. Es stimmte, Hary war auch beim zweiten Mal vorn, aber kurz vor dem Ziel schoss Dave Sime aus den USA an ihn heran und warf sich im Hechtsprung über die Ziellinie. Mit dem Kopf war er als Erster im Ziel. Aber Kopf zählte nicht, nur der Rumpf. Wir warteten auf das Zielfoto. Es musste erst entwickelt werden. Im Raum wurde die Luft immer dicker, die Pessimisten tönten schon: »Bestimmt gewinnt wieder ein Ami.« Dann die Anzeigetafel, der erste Name erschien, es war Hary. Damals fiel man sich noch nicht in die Arme; ich weiß nicht, was wir getan haben, um unsere Freude auszudrücken. Wahrscheinlich haben wir auf den Tisch gehauen oder auf den Teppichboden oder auf dem Rücken des Nebenmannes herum-

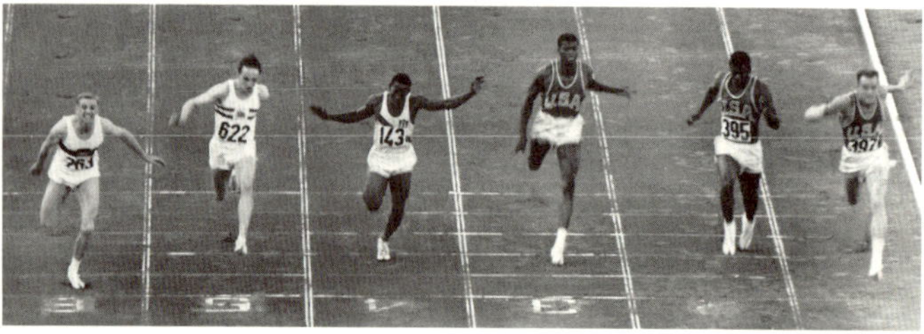

100-m-Finale, Rom 1960. Links außen: Armin Hary (BRD). Rechts außen wirft sich Dave Sime (USA) über die Ziellinie.

getrommelt. Meine Mutter rannte in die Küche und kam mit Schnittchen zurück. Wir feierten mit Apfelsaft.

Am nächsten Tag war Weitsprung dran: »Steinbach sieht gut aus«, ich kommentierte (denn ich war Weitspringer). Dr. Steinbach sprang mit genau 8 m einen neuen deutschen Rekord, 10 cm weiter als Luz Long, der 1936 mit Jesse Owens im Gras lag (*Reemtsma Olympia-Album*) und erreichte Platz vier des Wettkampfs. Der 400-m-Lauf wurde wieder nervenzerfetzend. Das Finale hatte Charly Kaufmann nach unserem Urteil gewonnen, er lief tatsächlich Weltrekord, das Kampfgericht sah ihn zeitgleich mit Otis Davis, aus den USA, aber 1 cm hinter ihm. Die Amis verloren dann doch noch einmal gegen die Deutschen, ausgerechnet in der 4-×-100-m-Staffel; sie waren zwar schneller, wurden aber wegen eines Wechselfehlers disqualifiziert.

»Jetzt aber konzentrieren, Jungs«, Dieters mahnende Stimme. Wir hatten noch gar nicht bemerkt, dass das Fernsehen an einen anderen Olympia-Ort umgeschaltet hatte. Jetzt schauten wir von oben auf den Albaner See hinunter. Dort machten sich die Ruderer startbereit: das Achterrennen. Unser Achter, Studenten von der Kieler Uni mit ihrem Ratzeburger Trainer, dem Physiklehrer Karl Adam. Wieder Dieter: »Der ganz vorn im Boot ist mein Freund Hans Lenk. Gebt euch Mühe!« Das war ja klar, der Stolz unseres Bundeslands! Das Boot führte. Es hatte noch nicht gewonnen, als sich ein anderer Achter heranschob, aber mit unserer Anfeuerung schaffte es unser Boot als erstes über die Ziellinie.

Es war eine offene Welt, die sich in diesen Tagen vor uns auftat. Damals sahen wir nur den unverdorbenen Kern der Spiele. Doch meine unbekümmerte Haltung zum Sport wurde erschüttert, als ich einige Jahre später Mitglied eines erfolgreichen Sportclubs wurde. Hinter vorgehaltener Hand wurde von Doping gesprochen, von kleinen blauen Pillen. Gesehen hatte ich sie noch nicht. Ich hatte aber erstaunliche Veränderungen an den Körpern einiger Athleten wahrgenommen, die ich gut kannte. Ihre in kurzer Zeit gewonnene Muskelmasse entsprach der rasanten Verbesserung ihrer sportlichen Leistungen. Einer aus unserer Kieler Trainingsgruppe gewann mit 19 Jahren in Tokio 1964 die Bronzemedaille im Hammerwerfen, einige Jahre später den Weltmeistertitel. Ein anderer befreundeter Athlet stellte 1967 einen Weltrekord im Zehnkampf der Männer auf; bei den Spielen von 1968 in Mexico City gewann er die Bronzemedaille. Wir hatten uns in der Jugendklasse einige Male duelliert; nun hatte er sich die ausgeprägteste Muskulatur zugelegt, die ich je gesehen hatte.

Zu jener Zeit war das Bewusstsein, dass Doping Betrug war, noch deutlich unterentwickelt. Während meines Studiums in Mainz versprach mir ein freundlicher, mir allerdings unbekannter Herr nach einigen guten Wettkampfergebnissen (1965), eine große Zukunft im Weitsprung. Ich wusste nicht, was er mit mir vorhatte, war aber darauf gespannt. Prof. Berno Wischmann, der Direktor des Sportinstituts, war wachsam. Er bestellte mich ein, ließ ein Donnerwetter auf mich los und klärte mich über Doping auf. Für mich löste sich der Zauber Olympias auf. Mein Interesse am sportlichen Wettkampf begann gegenüber meinem Interesse an Philosophie und Literaturwissenschaft in den Hintergrund zu treten. Was mich nun faszinierte, war die strukturelle Ähnlichkeit des sportlichen Wettkampfs mit dem antiken Drama. Dieses Interesse zog sich durch viele meiner späteren Arbeiten. Ihr Ausgangspunkt sollten die antiken Olympischen Spiele werden. Daher beginnt auch meine Darstellung in diesem Band mit der griechischen Antike.

Mein Mentor wurde in Berlin (ab 1966) Hans Lenk, der Olympiasieger von 1960, inzwischen Privatdozent, später Professor für Philosophie. Unsere philosophischen Schwerpunkte lagen in verschiedenen Feldern, in unseren Gesprächen kamen wir aber immer wieder auf den modernen Sport zurück. Lenk hatte gleich nach seinem Olympiasieg eine Dissertation über die ethischen und sozialen Ziele des modernen Olympismus und seine aktuelle Wirklichkeit geschrieben. Mit dem Abstand zu 1960 und den inzwischen eingetretenen Veränderungen der Olympischen Spiele entwickelten wir eine kritische Sichtweise – eine Kritik, die herausstellen sollte, was diese Spiele für die Moderne (immer noch) leisten könnten. Eine Gelegenheit, dies zu prüfen, war der internationale Wissenschaftskongress unmittelbar vor den Spielen von München 1972; ich war an seiner Organisation beteiligt. Hier wurde der Versuch gemacht, die idealisierende Sicht der Gründergeneration ernsthaft und engagiert zu aktualisieren. Dieser Einsatz war in erster Linie Willi Daume, dem Organisator der Spiele, zu verdanken, der sich unermüdlich mit allen Mitteln und Beziehungen, über die er verfügte, für den Wissenschaftskongress einsetzte und uns persönlich unterstützte.

Aus den Impulsen für die weitere Entwicklung der Olympischen Spiele wurde nichts. Der terroristische Anschlag erstickte die erhoffte Wirkung des Münchner Kongresses für zukünftige Spiele. Der zweite Grund waren die Organisatoren der nächsten Spiele 1976. In Montreal wurden die olympischen Ereignisse in den Dienst des Autonomiestrebens des frankophonen Teil Kanadas genommen. Auf einer Session des IOC (International Olympic Committee) in Québec 1990, zu der ich als Gastredner im Wissenschaftsprogramm eingeladen war, lernte ich den Willen der Québequois zur Selbstdarstellung kennen. Ihr Egozentrismus verband sich mit dem Willen des IOC-Präidenten Juan Antonio Samaranch, aus den Olympischen Spiele den größten ökonomischen Profit zu ziehen. Bei meiner Kritik an den neueren Entwicklungen der Spiele war Samaranch präsent. Während meiner Ausführungen schüttelte er unaufhörlich den Kopf. Nein, er sah es nicht als Problem an, dass sich der olympische Sport weit von der Lebenswelt seines Publikums entfernt hatte. Nein, die Fixierung auf Erfolg und Geschäft würde die Spiele nicht von ihren ursprünglichen Zielen abbringen. Ich hätte den Mut verloren, wenn nicht der kanadische Vizepräsident des IOC, Richard Pound, der während der Diskussion ebenfalls anwesend war, mir die Botschaft überbringen ließ, meine Kritik sei bedenkenswert, er werde sie für sein zukünftiges Handeln berücksichtigen.

Eine ähnlich abwehrende Reaktion wie von Samaranch erhielt ich vom IOC-Präsidenten Thomas Bach. Auf einer Podiumsdiskussion 2008 bei der Verabschiedung des deutschen Olympiateams nach Peking sagte er tiefgreifende demokratische Veränderungen in China voraus, die die Spiele auslösen würden. Meinen Hinweis auf die relative Machtlosigkeit des IOC gegenüber der autoritären Führung des Riesenreiches und deren Ablehnung einer politischen Öffnung tat er unwirsch ab: »Sie werden China nach den Spielen nicht mehr wiedererkennen.« Das erwies sich als richtig, aber nicht im Sinn von Thomas Bachs Vorhersage.

Die antiken Spiele

Um das antike Olympia rankten sich im Altertum so viele Geschichten, dass man Mythos und Wahrheit kaum noch unterscheiden konnte. Olympia gab es tatsächlich: Es war jedoch versunken, von Erdbeben zerstört und von Hochwassern überflutet. Bevor es im Schlamm unterging, war es eine Kultstätte in einem weiten fruchtbaren Tal am Zusammenfluss der beiden Flüsse Alpheios und Kladeos. Aus der sanften Landschaft erhob sich der Kronoshügel; an seinem Fuß befand sich ein Areal, das in altgriechischer Zeit die *Altis*, den heiligen Bezirk der Kultstätte bildete. Nach seinem Untergang lebte Olympia in antiken Texten bis in die Neuzeit fort. In der zweiten Hälfte des 18. Jahrhunderts wurde es von dem englischen Reisenden Richard Chandler wiederentdeckt.

An diesem Ort fand über 1000 Jahre lang im Spätsommer das Fest der Olympischen Spiele zu Ehren des Zeus statt. Es war ein glanzvoller Kult des höchsten Gottes der Griechen; er strahlte über die gesamte Antike aus. Alle vier Jahre machten sich Griechen aus dem ganzen Mittelmeerraum auf die Reise nach Olympia. Dichter, Historiker, Reiseschriftsteller feierten den religiösen Kult und die athletischen Spiele; Philosophen lobten die Athleten als Beispiele von Kraft und Ausdauer. Bildhauer und Maler wählten die schönen Körper von Olympiasiegern als Vorbilder für ihre Darstellung der Götter. Pindars Oden kündeten von ihrer Vollkommenheit. Antike Schriftsteller wie Pausanias, der Olympia im 2. Jahrhundert n. Chr. besuchte, haben genaue Beschreibungen des Ortes, seiner Architektur und seiner Rituale hinterlassen.

Olympia lag weit entfernt von den Zentren der griechischen Zivilisation, an der Westküste des Peloponnes. In der Nähe befanden sich nur die kleineren Stadtstaaten Elis und Pisa. Jahrhunderte lang herrschte zwischen ihnen ein erbitterter Kampf um die Verwaltung des Heiligtums. Bei dem Streit ging es um die Ehre, das Fest auszurichten, aber auch ganz profan um die Einnahmen aus dem Kult. Als er in einen Krieg ausartete, wurde der Lokalhistoriker Hippias beauftragt, die Geschichte Olympias zu rekonstruieren. Seine Chronik, um 400 v. Chr. verfasst, rekonstruierte diese anhand der Namen der Olympiasieger. Die Liste beginnt mit dem ersten aller Olympiasieger im Stadionlauf. Er legte dieses Ereignis auf das Jahr 776 v. Chr. (nach unserer Zeitrechnung). Dokumente aus dieser Frühzeit gab es jedoch nicht, dafür aber eine Unzahl von Geschichten über alle möglichen Olympiasieger. Also musste er einige »freie Ergänzungen« vornehmen, gerade was die ersten Olympischen Spiele betraf (Ulrich Sinn). Seine Datierung ist aber insofern nicht aus der Luft gegriffen, als die Olympischen Spiele seit dem frühen 7. Jahrhundert v. Chr. als Fest *aller* Griechen galten. Das Ende Olympias wird üblicherweise mit dem Jahr 393 n. Chr. angegeben, das Jahr, in dem der zum Christentum übergetretene römische Kaiser Theodosius, der auch über Griechenland herrschte, alle heidnischen Spiele verbot. In Olympia hielt man sich nicht daran, aber das Fest hatte keine große Ausstrahlung mehr. Im 5. Jahrhundert gab man es nach und nach auf.

In seiner Vorzeit war Olympia noch kein Heiligtum des Zeus. Man vermutet an dieser Stelle um 2600/2500 v. Chr. einen Kult, der einem lokalen mythischen Helden, dem Heroen Pelops, galt. Heroen sind in der griechischen Mythologie Wesen zwischen Menschen und Göttern: Sie sind zwar sterblich; durch ihre gewaltigen Taten werden sie aber nach ihrem Tod in eine Sphäre *über den Menschen* erhoben. Der Kult des Pelops blieb die ganze Geschichte Olympias hindurch präsent. Zwischen 1050 und 1000 v. Chr. wurde Olympia dann zu einem Ort des Zeus-Kults. Als Hauptgott der Griechen, als Göttervater, wurde Zeus an vielen Orten verehrt. Olympia wurde jedoch der höchste Ort der Zeus-Verehrung. In der Zeitspanne bis zum frühen 7. Jahrhundert v. Chr. wurde der Zeus von Olympia der bedeutendste Gott für alle Griechen im Mittelmeerraum. Zu diesem Zeitpunkt erhielt Olympia ebenjene herausragende Stellung. Über die Gründe für diesen ungeheuren Bedeutungsgewinn weiß man nicht viel. Die griechische Schrift ist nicht vor dem 8. Jahrhundert v. Chr. entstanden. Der athletische Aspekt Olympias wird zwar nicht durch schriftliche Zeugnisse dokumentiert, aber es gibt Statuen und Bilder auf Vasen und Schalen, die Athleten darstellen. Was die Griechen daran faszinierte, war die Schönheit der Körper bei ihren sportlichen Aktivitäten.

Athletische Wettkämpfe waren jedoch nur die *eine* Seite des olympischen Festes. Es gab eine Reihe weiterer bedeutsamer Merkmale, die in Olympia *zusammenwirkten*: die Fruchtbarkeit des Ortes, der Kult mit seinen Opfern und Zeremonien, die Architektur der Tempel und öffentlichen Gebäude, die athletische Konkurrenz und die Bekränzung der Sieger mit anschließender gemeinschaftlicher Feier, das gesellschaftliche Ereignis, das seinen Höhepunkt mit den Auftritten bekannter Dichter und Staatsmänner fand. Das alles erfüllte die Beteiligten mit Enthusiasmus und gab dem Gesamtereignis einen Glanz, der es über alle anderen Feste der Antike heraushob. Hingegen gehört wohl der Mythos vom olympischen Frieden, der *ekecheiria*, zu der erdichteten Geschichte Olympias. Es wurden tatsächlich Herolde zu den griechischen Stadtstaaten entsandt, sie überbrachten dort Einladungen zur Teilnahme und baten um eine friedfertige Reise und Gestaltung des Festes. Aber an einen Frieden zwischen den zerstrittenen Stadtstaaten konnte man dabei nicht denken.

Das Interesse an Wettkämpfen war ein zentrales Merkmal der griechischen Kultur. In Olympia wurden die Wettkämpfe über ein Sich-Messen emporgehoben. Der Olympiasieger im Stadionlauf war nicht nur der schnellste Mann Griechenlands. Er hatte eine herausgehobene Rolle im religiösen Fest: Mit seinem Namen wurde die sich anschließende vierjährige Olympiade benannt. Olympiaden waren das Maß der Jahreszählung aller Griechen.

Der klassische Philologe Walter Burkert hat diese Verbindung Olympias mit dem griechischen Leben auf eine prägnante Formel gebracht: »Man geht nach Olympia, um zu opfern *und* um Sport zu treiben.« Teilnahme am Opfer *und* Teilnahme am Sport bildeten in Griechenland das Grundmodell der Gemeinschaft. Im kultischen Zentrum Olympias, der *Altis*, befanden sich die wichtigsten Heiligtümer: die Altäre des Zeus und des Pelops. Der Zeusaltar als Ort des höchsten Opfers behielt während der tausendjährigen Geschichte seine archaische Gestalt: ein Aschehaufen unter freiem Himmel, aufgeschichtet aus den Resten früherer Opfer. Sie wurden nach altem Brauch nicht weggeräumt, sondern mit dem Schlamm des Flusses Alpheios zugedeckt. So wuchs der Haufen mit der Zeit zu einem Hügel beachtlicher Größe.

Um 550 v. Chr. wurde die erste Stadionanlage mit Ausrichtung auf den Zeusaltar gebaut. Zu späterer Zeit wurde sie vergrößert und mit Wällen umgeben, auf denen die Zuschauer den Wettkämpfen folgten. Um 460 v. Chr. wurde die gesamte Stadionanlage neu gebaut und vergrößert: 192 m lang und 30 m breit mit 20 Startanlagen und Bahnen. Die Erdwälle wurden um einige Meter erhöht und boten insgesamt Platz für 50 000 Zuschauer. In dieser Form, auf den Zeusaltar ausgerichtet, blieb die Laufbahn sechshundert Jahre lang weitgehend unverändert.

Neben dem Zeusaltar wurde zwischen 470–450 v. Chr. ein prachtvoller Zeustempel errichtet. Er gilt als eines der bedeutendsten Zeugnisse antiker Architektur. In ihm stand die monumentale Zeus-Statue des athenischen Bildhauers Phidias. Sie war mit Gold, Elfenbein und anderen kostbaren Materialien geschmückt – eines der sieben Weltwunder der antiken Welt. In allen Beschreibungen der Besucher Olympias wird sie erwähnt. In der Spätantike wurde sie geraubt und zerstört. Das zweite religiöse Zentrum, das Grab des Pelops, war beim rituellen Festzug der Olympischen Spiele die erste Kultstätte, an der ein Opfer dargebracht wurde, noch vor dem Zeusopfer. Ein dritter bedeutsamer Ort des Kultes war der heilige Ölbaum. Mit seinen Zweigen wurden die Olympiasieger bekränzt. In der *Altis* befand sich auch der Tempel der Göttermutter Hera. Seine Existenz im heiligen Bezirk spricht dafür, dass auch junge Frauen in Olympia zu Wettkämpfen antraten, allerdings zu einem anderen Zeitpunkt als die Männer. Mädchen durften den Olympischen Spielen beiwohnen. Hingegen war verheirateten Frauen der Zutritt zu den Wettkämpfen bei Strafe verboten.

Zu den Bauten, die für die Gestaltung der Festlichkeiten errichtet wurden, gehörte das *Prytaneion*, das Bankettgebäude.

Hier brannte das heilige Feuer der Hestia, der Göttin des häuslichen Herdes. An dieser Stätte wurden die Feuer aller Heiligtümer Olympias entzündet. Sie diente als Modell für die olympische Flamme der neuzeitlichen Spiele. Wichtige Anlagen für das Training der Athleten waren das *Gymnasion* und die *Palaistra* mit Sporthallen und -plätzen für das Training in den Kampfsportarten und den Sprungwettbewerben. In unmittelbarer Nähe des Stadions befand sich die Echohalle, deren Wände die menschliche Stimme mehrfach zurückwarfen. In ihr entkleideten sich die Athleten, badeten und ölten sich vor dem Wettkampf ein. Durch einen dunklen Gang zogen sie dann nackt in das Stadion.

Das olympische Fest – religiöse Zeremonien und athletische Wettkämpfe

Vor den Olympischen Spielen fanden sich die Wettkämpfer mit ihren Begleitern für mehrere Wochen in der benachbarten Stadt Elis ein. Dort lebten sie in Klausur und waren einer streng geregelten Lebensweise unterworfen. Nach Abschluss dieser Klausur zogen die Athleten mit ihrer Begleitung auf der Prozessionsstraße nach Olympia. In der klassischen Form umfasste das olympische Fest fünf Tage. Der erste Tag war der zeremoniellen Vorbereitung am Altar des Zeus gewidmet. Die Athleten mit ihren Begleitern sowie die Kampfrichter legten einen Eid ab; sie schworen, keinen Verstoß gegen die Wettkampfregeln zu begehen. Am zweiten Tag begannen die Wettkämpfe, zuerst mit den Pferde- und Wagenrennen, dann mit dem Pentathlon, der Diskus- und Speerwerfen, Weitsprung, Lauf und Ringkampf umfasste. Am dritten Tag wurden die

Opferfeiern abgehalten. Zuerst wurde das Pelops-Opfer mit der Schlachtung eines Widders vollzogen. Nach Pausanias geschah dies in einer nächtlichen Zeremonie. Der Tag gehörte dann Zeus, dem Gott des Tageslichts. An seinem Altar wurde das Stieropfer dargebracht. Philostrat schildert den Ablauf dieser Zeremonie nach alten Quellen: »Wenn die Eleer die Opfer, was immer da Brauch war, geopfert hatten, dann lagen die geheiligten Teile auf den Altar. Feuer war noch nicht an sie gelegt; die Läufer waren ein Stadion weit (was in Olympia rund 190 m entsprach; G. G.) vom Altar entfernt, vor diesem stand ein Priester, der mit einer Fackel das Startzeichen gab. Der Sieger aber legte Feuer an die heiligen Opferteile, und so ging er als Olympiasieger hinweg« (nach Walter Burkert).

An den Stadionlauf und das Zeusopfer schlossen sich die athletischen Wettkämpfe an: die Läufe über längere Distanzen (zwei Stadien und mehr), die Schwerathletik (Diskus und Speer), Ringen, Boxen und der beliebte Pankration (eine freie Kampfsportart, bei der mit harten Lederbandagen gekämpft wurde). In den Konkurrenzen ging es ausschließlich um den Sieg und das immense Prestige, das dieser dem Athleten und dem Stadtstaat, aus dem er stammte, seiner Polis, verlieh. In den Kampfsportarten wurde so lange gekämpft, bis einer der beiden Kontrahenten aufgab oder kampfunfähig war. Die Brutalität dieser Disziplinen entsprach dem Geschmack der Griechen. Olympiakämpfer gehörten zu den freien Männern, denen der Kriegsdienst oblag, und Kriege zwischen den Stadtstaaten gab es viele im antiken Griechenland. Die große Ausnahme waren die Perserkriege, in denen das vereinte griechische Heer die Angriffe der persischen Könige abwehrte. Nach den Siegen über die persische Streitmacht war Olympia im Jahr 476 v. Chr. der Ort des größten Jubels, als

Zeittafel der antiken Olympischen Spiele

um 2600/2500 v. Chr.	Frühbronzezeitlicher Tumulus (Erdhügel) und Kultplatz unter dem späteren Heiligtum des Pelops.
um 2150–2000 v. Chr.	Frühbronzezeitliche Siedlung am Tumulus.
um 1050–1000 v. Chr.	Gründung des Zeuskults und Heiligtums von Olympia.
776 v. Chr.	Nach antiker Zeitrechnung Beginn der Aufzeichnung der Olympiasieger.
um 550 v. Chr.	Erste Stadionanlage.
476 v. Chr.	Panhellenische Siegesfeier bei den ersten Olympischen Spielen nach den Perserkriegen.
470–456 v. Chr.	Bau des Zeus-Tempels.
ca. 430–420 v. Chr.	Entstehung des Zeus-Kultbildes des Phidias.
364 v. Chr.	Kämpfe der Arkader und Eleer um das Heiligtum von Olympia.
um 250 v. Chr.	Bau der Palästra.
um 180 v. Chr.	Bau des Gymnasion.

einer der wichtigsten Feldherren, Themistokles, die Spiele besuchte.

Am fünften Tag wurden die Spiele mit der Siegerehrung beschlossen: Die Olympiasieger wurden mit bunten Bändern geschmückt und empfingen im Zeustempel den Olivenkranz. Den Abschluss bildete ein Festbankett im *Prytaneion* zu Ehren der Sieger. Aus der Tatsache, dass diese in Olympia nur einen schlichten Siegeskranz erhielten, schloss man in der Frühzeit

146 v. Chr.	Der römische Feldherr Lucius Mummius lässt zum Zeichen der Unterwerfung Griechenlands vergoldete Schilde am Zeus-Tempel aufhängen.
85 v. Chr.	Plünderung Olympias durch die Truppen von Sulla.
um 170 n. Chr.	Eingehende Beschreibung Olympias durch den Schriftsteller Pausanias.
385 n. Chr.	Letzte inschriftlich belegte Aufzeichnung von Olympiasiegern.
393 n. Chr.	Verbot der Kultfeiern in Olympia durch den Kaiser Theodosius I.
5. Jh. n. Chr.	Entstehung einer ländlichen Siedlung in Olympia: Umwandlung der Werkstatt des Phidias in eine christliche Kirche.
Ende des 6. Jhs. n. Chr.	Nach schweren Erdbeben und Überschwemmungen verlassen die letzten Bewohner Olympia. Der Ort versinkt allmählich unter hohen Schwemmschichten.

(nach Helmut Kyrieleis, *Olympia. Archäologie eines Heiligtums*)

der modernen Olympischen Spiele auf den Amateurstatus der Wettkämpfer – eine idealisierende Vorstellung. Olympiasieger erhielten von ihrer Polis erhebliche Siegprämien, Befreiung von Steuern, lebenslange freie Speisung, einen Ehrenplatz im Theater und eine Fülle weiterer Vergünstigungen, die manche von ihnen zu reichen Männern machten.

In Olympia entwickelte sich eine besonders intensive gegenseitige Durchdringung von Religion und Athletik. Religiöse

Zeremonien und athletische Wettkämpfe waren im antiken Griechenland ein Mittel der Gemeinschaftsbildung. Walter Burkert verweist auf die Konstellation des Zeusopfers. Auf den Ort dieser Zeremonie führte die Laufbahn des Stadionlaufs hin. Der erste Olympiasieger vollzog mit der Entzündung des Opferfeuers die zentrale rituelle Handlung des religiösen Festes. Der athletische Wettkampf war so Teil der religiösen Handlung. Das Fleisch der Opfertiere wurde gekocht und anschließend an die Beteiligten verteilt. Was als religiöse Handlung begann, mündete in ein gemeinschaftliches Mahl. Beide Handlungen, heilige und profane, wurden vom Sieger des Stadionlaufs miteinander verklammert. Mit seinem Triumph errang er eine höhere Stufe des Menschseins.

Die Wiederbegründung der Olympischen Spiele

Euphorischer Beginn

In Paris erinnert heute im größten Hörsaal der Sorbonne eine Steintafel an einen Kongress, der hier im Jahr 1894 stattfand. Mit Wissenschaft hatte die Veranstaltung nichts zu tun – sie war eher ein gesellschaftliches Ereignis. Der Baron Pierre de Coubertin (1863–1937) wusste als bestens vernetzter Stratege, wie er seiner lange gehegten Idee die größte Bedeutung, Würde und Resonanz geben konnte: Mit dem mondänen Event zog er angesehene Persönlichkeiten an, um mit ihrer Hilfe ein Ereignis wiederzubeleben, das es seit 1600 Jahren nicht mehr gegeben hatte. Es sollte ein Fest des sportlichen Wettkampfs unter jungen Männern werden. Körperliche Konkurrenzen wurden unter dem Namen *sports* an englischen Erziehungseinrichtungen betrieben. Auf dem Kontinent waren sie noch nicht weit verbreitet. Genau darum ging es ihm: die *sports* im Zuge eines Antiken-Revivals zu propagieren. Mit seiner Werbeveranstaltung setzte Coubertin bei den Spitzen der Gesellschaft ein, um mit einer Aktion von oben die Begeisterung an sportlichen Wettkämpfen zu wecken, zuerst in seinem eigenen Land, dann in anderen europäischen Nationen. Er vertraute darauf, dass dieses Projekt gerade den Mächtigen willkommen sein würde: Die Spiele konnten für nationalistische Zwecke *und* für das Distinktionsstreben höherer gesellschaftlicher Kreise genutzt werden. Darüber hinaus versprachen sie einen hohen pädagogischen Nutzen.

Coubertin jonglierte mit Mehrdeutigkeiten, hofierte mit ambivalenten Vorschlägen potentielle Verbündete, gewann sowohl Vertreter der Friedensbewegung als auch Generäle für seinen Plan, verführte Bildungsbürger mit seiner Bewunderung für das Griechentum und sicherte sich die Zustimmung von Mitgliedern des europäischen Hochadels, zu denen er aufgrund seiner Herkunft aus einer angesehenen Familie Zugang hatte. Seine Formel war ebenso genial wie in sich widersprüchlich: Die Spiele sollten eine neue Aristokratie des Leibes hervorbringen. Die Vorstellung nobler antiker Athleten war für alle Fraktionen gleichermaßen anziehend, allerdings aus unterschiedlichen Gründen. Den republikanischen Teil seiner Anhänger überzeugte die Vorstellung einer neuen Führungsklasse, die sich durch *Leistung* anstatt durch gesellschaftlichen Stand auszeichnete, während seine adeligen Freunde die Vorstellung begrüßten, dass sich die alte Aristokratie über *körperliche* Betätigung erneuern könne.

In allen Milieus der fortschrittlichsten europäischen Nationen hatten sich gegen Ende des 19. Jahrhunderts Forderungen nach Erneuerung der Kultur ausgebreitet. Dafür wurden unterschiedliche Gründe angeführt. Ein biologisch-medizinischer Grund war die Annahme eines Vitalitätsverlusts, der sich in einer zunehmenden körperlichen Schwäche, einer Art Müdigkeit äußere, mit einem pseudowissenschaftlichen Begriff *fatigue* genannt. In den kulturellen Strömungen des *Fin de siècle* diagnostizierte man eine extreme Verfeinerung der Sensibilität, die zu Kraftlosigkeit führe. Die pessimistischen Deutungen stimmten in dem Urteil überein, man lebe in einer Epoche der *décadence*. Auch jene Vertreter, die darin eine kulturelle Höherentwicklung sahen, suchten Wege der Erneuerung der Werte und des eigenen Lebens.

Coubertins Pläne waren an der Hochkultur orientiert, gingen aber in einem entscheidenden Schritt über die in seiner Zeit üblichen Rettungsversuche hinaus: Die von ihm propagierte Kulturerneuerung sollte eine *athletische Existenz* der Jugend entstehen lassen. Durch sportlichen Wettkampf sollte der Mensch ethisch und körperlich verbessert werden. Diese Einsicht hatte Coubertin bei seinen Reisen nach England gewonnen, wo er Oxford, Cambridge, Eton, Harrow, Rugby und andere für ihre *sports* bekannten Schulen besucht hatte. Mit der Einführung von Sport in das Bildungssystem wollte er sowohl das französische jesuitisch geprägte als auch das militaristische Erziehungssystem überwinden. Keine Paukschule und kein Drill, vielmehr Erziehung zu individueller Tüchtigkeit.

Nach Coubertins Überzeugung war sportliche Aktivität geeignet, nicht nur die vitale Grundlage des Menschen, sondern auch seine charakterlichen Dispositionen zu stärken. Durch intensives sportliches Training werde die Fähigkeit zu effizientem Handeln erworben. Voraussetzung dafür sei, dass die Athleten ihren Sport selbstbestimmt ausübten. In einem Vortrag von 1889 spricht Coubertin von ihnen als »self-governing men«. Gemeint ist damit das *ethische* Prinzip, seinem Handeln selbst Regeln zu setzen, denen man sich freiwillig unterordnet. Ohne ethische Weiterentwicklung bliebe die körperliche Leistungssteigerung ohne Wert.

1894 waren auf Einladung des Barons 70 Delegierte von 37 Sportverbänden aus neun Ländern gekommen. Insgesamt nahmen 2000 Personen an der Veranstaltung teil. Die Idee der Olympischen Spiele der Neuzeit wurde bei ihrer Geburt mit einem beträchtlichen kulturellen Startkapital ausgestattet. Coubertins Plan ging auf: Nach einer Woche des Debattierens wurde ein privates, unabhängiges ständiges Komitee gegründet mit einem Präsidenten, dem griechischen Dichter Dimitrios Vikelas auf dem (repräsentativen) Stuhl des Präsidenten, und Coubertin in der einflussreichen Position des Generalsekretärs. Alle weiteren Mitglieder aus zwölf Nationen wurden von ihm persönlich ausgewählt. So wurde sichergestellt, dass nur solche Personen aufgenommen wurden, die mit dem Generalsekretär harmonierten. 1894 umfasste das Komitee fünf Mitglieder des europäischen Hochadels, zwei Generäle und zwei Akademiker. Eine ähnliche Stellung hatten die später von Coubertin hinzugewählten weiteren siebzig Mitglieder des Komitees. Diese Nominierung durch Kooptation, durch persönliche Zuwahl, war ein Garant dafür, dass man sich im Komitee verstehen würde. Sie blieb lange das Prinzip der Rekrutierung der Mitglieder des IOC. In den 1970er Jahren öffnete sich der Zirkel der Olympier gegenüber Vertretern der Politik und Wirtschaft, was sich auf die Institution nicht nur vorteilhaft auswirkte.

Vor Coubertin gab es zahlreiche Versuche, die Olympischen Spiele wiederzubeleben, aber sie blieben folgenlos. Keinem der Vorläufer Coubertins war es je gelungen, ein Organisationskomitee mit internationaler Beteiligung und ein breites öffentliches Interesse zustande zu bringen. Ein Schlüssel für Coubertins Erfolg war die ideologische und politische Offenheit seiner Einladungspolitik. Was die Mitglieder einte, war ihre Begeisterung für Griechenland. Das Land war im 19. Jahrhundert mit vereinten europäischen Kräften von der Herrschaft des Osmanischen Reichs befreit worden und hatte 1832 einen deutschen Adeligen als König bekommen.

Die Verwirklichung von Coubertins Plänen drohte jedoch kurz nach dem Sorbonne-Kongress an der schlechten wirtschaftlichen Situation Griechenlands zu scheitern. Erst die entschiedene Unterstützung des Königs Georg I. von Griechenland rettete die Olympiapläne. Er erklärte die Spiele von Athen zu einem patriotischen Unternehmen des Wiederauflebens der griechischen Kultur. Mit der gewaltigen Geldspende eines reichen griechischen Geschäftsmanns aus Alexandria konnte das *Panathinaiko-Stadion* in Athen vollständig renoviert werden. Schließlich wurden die Spiele 1896 am Tag der griechischen Unabhängigkeit mit großem Publikumszuspruch eröffnet; Berichte sprechen von bis zu 70 000 Zuschauern.

Zwei Wochen lang kämpften 240 Athleten aus dreizehn Ländern in etwa 40 Wettbewerben um den Sieg. Die Teilnehmer, fast ausschließlich Angehörige der bürgerlichen Mittelschicht, finanzierten Reise und Unterbringung aus eigenen Mitteln. Aus Deutschland kam eine kleine Delegation Turner, die sich trotz scharfer Verurteilung durch den Deutschen Turnerbund auf den Weg gemacht hatte; unter ihnen war Alfred Flatow, der als erster Deutscher eine Siegermedaille gewann. Bei diesen ersten Spielen musste der Austragungsmodus der Konkurrenzen überhaupt erst festgelegt werden, also die Wettkampfregeln, Ergebnismessungen, Streckenlängen etc. Entsprechend chaotisch ging es in manchen Disziplinen zu. Erster Olympiasieger der Neuzeit wurde der US-Amerikaner James Connolly, der die Konkurrenz im Dreisprung mit 13,71 m gewann.

Die größte Aufmerksamkeit zog der Marathonlauf auf sich, eine Erfindung der Veranstalter. Seine Länge sollte der Entfernung von Marathon nach Athen entsprechen. Diesen Weg hatte der Sage nach ein Bote zurückgelegt, der die Nachricht vom Sieg der Athener gegen die Übermacht der Perser nach Athen gebracht haben soll. Bei den Olympischen Spielen wurde diese Tat als sportlicher Langstreckenlauf (von etwa 42 km) in der Sommerhitze gleichsam nachgespielt. Es gewann ein Grieche, Spyridon Louis, angeblich ein einfacher Schafhirte. Der erste Heldenmythos der neuzeitlichen Spiele war geboren. In seiner Begeisterung schlug König Georg I. vor, die Spiele in Zukunft ständig in Athen abzuhalten. Damit stand er in direktem Widerspruch zu Coubertins Vorstellung, dass das moderne Olympia wandern sollte, um alle Kontinente zu erobern und neue Allianzen zu schließen.

Harte Zeiten und Konsolidierung

Die euphorische Stimmung und die internationale Sympathie für die neu gegründetem Olympischen Spiele ließen sich nicht nach Paris (1900) und noch weniger nach St. Louis (1904) transportieren. Ein wesentlicher Grund für diese beiden Misserfolge war der überehrgeizige Plan Coubertins, sein Sportfest mit der bedeutendsten weltweiten Veranstaltung jener Zeit, der Weltausstellung zu verbinden. Im Rahmen der gewaltigen Technik- und Industriemesse, die in Paris scharenweise Besucher anzog, war der frühe olympische Sport eine unbeachtete Veranstaltung. Ohne eigene Sportstätten, ohne überschaubares Programm, ohne erkennbares Profil zogen sich die Spiele über fünf Monate hin. Die Organisation lag bei den Veranstaltern der

Weltausstellung – für Coubertin ein »demütigendes Vasallentum«. Noch unglücklicher verlief das Abenteuer in St. Louis. Mit der Verlagerung der Spiele auf den amerikanischen Kontinent sollten das Engagement und die starken Leistungen der Athleten aus den USA gewürdigt werden. Zum anderen ging es um die interkontinentale Verbreitung der olympischen Bewegung. Wieder wurden die Spiele an eine Industrie- und Technikmesse angebunden. Es erging ihnen nicht besser als in Paris.

In der lauten kommerziellen Umgebung der Weltausstellungen konnte keine feierliche Stimmung entstehen, die das olympische Fest auszeichnen sollte. Schon früh zeigte sich, wie wichtig die besondere Atmosphäre für die Wirkung der Spiele auf Teilnehmer und Zuschauer ist. Ein neuerlicher enthusiastischer Schub entstand 1906 abermals in Athen. Obwohl sich Coubertin ausdrücklich dagegen ausgesprochen hatte, veranstaltete ein griechisches Komitee mit Unterstützung von König Georg I. und dem Kronprinzen Konstantin I. eigene Spiele, die das IOC mit der Bezeichnung »Zwischenspiele« zwar nicht offiziell anerkannt hatte, aber dennoch in seinen Annalen verzeichnete. Ihre Absicht war eindeutig eine nationalistische Demonstration Griechenlands und seines Monarchen. Für diesen Zweck wurde der Einmarsch der Nationen eingeführt, und bei der Siegerehrung wurde die Nationalflagge des Siegers gehisst. Der sportliche Erfolg wurde an die Nationalität der Athleten gebunden – ein entscheidender Schritt in Richtung einer Politisierung der Olympischen Spiele. Dies entsprach allerdings genau Coubertins Vorschlag: In der Moderne sollte die Nation an die Stelle treten, die in der Antike die Götter einnahmen.

Noch einmal wurden die Olympischen Spiele in London 1908 an eine große internationale Ausstellung angebunden.

Hier aber wurde die Organisation in die Hände eines privaten Unternehmers gelegt, der eine schmissige Veranstaltung zustande brachte. Auf einem ehemaligen Industriegelände ließ er das gewaltige *White City Stadium* bauen, mit Aschenbahn, Velodrom, Turnierfeldern und einem Schwimmbad. Gemeldet waren 2000 Athleten, die meisten von ihnen aus Großbritannien. An der Eröffnung nahm der britische König Edward VII. teil. Mit der Größe der Olympiabauten, dem pragmatischen Geist der Organisation und den zahlreichen britischen Siegen stellte sich das Empire als führende Sportmacht dar. Lange vor 1936 hatten die britischen Veranstalter die propagandistischen Möglichkeiten der Olympischen Spiele erkannt.

Mit der Wahl Stockholms für die Spiele von 1912 bewies das IOC eine glückliche Hand. Im neutralen Schweden konnte es auf ein hoch respektables Organisationskomitee zählen, zu dem auch Vertreter des Königshauses gehörten. Die Veranstalter nutzten ihre Erfahrungen aus der Organisation der Nordischen Spiele. Von dem mythischen Ballast hielten sie recht wenig; sie reduzierten die Feierlichkeiten auf das Wesentliche, gaben ihnen aber gerade dadurch besondere Würde. Großen Wert legten sie hingegen auf die objektive Ergebnisfeststellung: Es wurden internationale Standards festgelegt und elektrische Zeitnahmegeräte sowie Zielkameras eingesetzt. All dies verhinderte Streitigkeiten um Ergebnisse, die aus London in schlechter Erinnerung waren. Das zusammengestrichene Wettkampfprogramm fand in einem eigens errichteten Stadion innerhalb einer guten Woche statt. Zum ersten Mal zeigte die Bevölkerung des Gastlandes, darunter viele Frauen, ein lebhaftes Interesse an den olympischen Wettkämpfen. Mit der Veranstaltung von Stockholm hatte sich ein Grundmodell der Spiele konsolidiert. Sie waren ein Festival des Sports und nur des Sports, mit einem kulturellen Rahmen, einem festgelegten Zeremoniell, einem zentralen Ort, dem Olympiastadion, in dem das olympische Feuer brannte und die Sieger mit einer Goldmedaille geehrt wurden. Es gab einen Einmarsch der Teilnehmer hinter ihrer Nationalflagge, eine Nationenwertung und ein olympisches Dorf.

Nach dem Ersten Weltkrieg wirkte der Ideenvorrat der olympischen Bewegung zu einem beträchtlichen Teil aufgebraucht. Das freie autonome Individuum erschien nach der maschinellen, massenhaften Vernichtung wie eine unrealistische Verklärung. Es mutet wie ein Wunder an, dass nach 1918 die Wiederaufnahme der Olympischen Spiele gelang. In einer der beschädigten Städte nahe den schrecklichen Schlachtfeldern von Flandern, in Antwerpen, fanden 1920 die ersten Spiele nach dem Zusammenbruch der europäischen Ordnung statt. Mehr als 100 der früheren olympischen Athleten waren gefallen. Allein England hatte 40 junge Olympioniken verloren. Von den Absolventen der Jahre 1910–1914 der englischen Eliteuniversitäten, die, wie es David Goldblatt wertet, »das Rückgrat des britischen Olympismus bildeten«, waren 28 % im Krieg umgekommen. Vielleicht wollten die überlebenden Athleten an das Wunder glauben, dass sich die Jugend wieder begegnen und friedlich miteinander wetteifern könne.

Mit einer bescheidenen Zeremonie wurden die Spiele von Antwerpen eröffnet. Zum ersten Mal wurde die von Coubertin entworfene olympische Flagge mit den fünf Ringen gehisst. Als symbolträchtiger Akt in dieser Zeit unmittelbar nach dem Ersten Weltkrieg wurde ein Schwarm weißer Tauben als Friedensbotschaft auf die Reise geschickt. Coubertin übergab die Präsidentschaft des IOC an den belgischen Grafen Henri de Baillet-Latour.

Nicht nur die politische Welt hatte sich total verändert – auch im Sport hatten sich neue Kräfte und damit Rivalitäten und Spaltungen gebildet. Die Frauen drängten auf eine größere Öffnung des Sportprogramms für weibliche Athleten, die jedoch von den männlich besetzten Gremien nur zögerlich gewährt wurde. Gegen den Widerstand Coubertins wurde die Einführung Olympischer Winterspiele beschlossen. Religiöse Sportbewegungen hatten sich entwickelt; Arbeitersportvereine waren zahlreicher, größer und selbstbewusster geworden; sie arbeiteten auf eigene Olympische Spiele hin, als Gegenentwurf zum Sport der herrschenden Klassen. Mit dem Sportverband der Gehörlosen entstand zum ersten Mal eine eigene Sportorganisation von Behinderten. Bei der Eröffnung der Spiele selbst war eine Politisierung der Veranstaltung schon deswegen unvermeidlich, weil eine Reihe Staaten auftraten, die nach dem Weltkrieg entstanden waren, wie Finnland, Irland, Polen, die Staaten des Baltikums und des ehemaligen Habsburgerreichs. Die neuen Staaten versuchten die Spiele zur Demonstration ihrer Selbständigkeit und Festigung des Nationalbewusstseins zu nutzen.

In Paris 1924 kamen die Spiele wieder in das Heimatland von Coubertin, dieses Mal unter ungleich besseren Bedingungen als 1900. Olympia wurde zu einer Angelegenheit des französischen Staates; organisiert wurden die Spiele vom Außenministerium; getragen wurden sie im Wesentlichen vom Enthusiasmus der Mittel- und Oberschicht. Sie waren eine Demonstration der Modernität und Leistungsfähigkeit Frankreichs gegenüber dem Ausland. An die Tausend Journalisten berichteten von den Ereignissen. Es gab die ersten Radioübertragungen und Wochenschaubilder von den Wettkämpfen. In Paris begannen die Olympischen Spiele ein eigenes Star-Sys-

Die olympischen Ringe

Das Emblem mit den fünf ineinander verschlungenen Ringen entwarf Pierre de Coubertin 1913 und gab selbst eine Deutung seiner Symbolik: Jeder Ring hat eine andere Farbe. Von links nach rechts folgen je ein blauer, gelber, schwarzer, grüner und roter Ring auf weißem Grund. Mit ihnen zitiert Coubertin die Farben aller Nationalflaggen seiner Zeit. Zusammen mit der Verschlingung der Ringe symbolisieren sie nach seiner Aussage die Universalität des Olympismus. Für das IOC bedeutet das Emblem heute ein erstklassiges Marketinginstrument: Seine Verwendung ist in vielen Ländern, so auch in Deutschland, rechtlich geschützt. Die Nutzungsrechte liegen beim IOC. Nur den Top-Sponsoren ist ihre freie Verwendung erlaubt. Jede andere Nutzung bedarf der Genehmigung durch das IOC. Seit den Spielen von Los Angeles 1984 wird es von der Wirtschaft wie eine Art Qualitätssiegel eingesetzt und bringt so dem IOC bedeutende zusätzliche Einnahmen.

tem auszubilden. Für die große Mehrheit der Begeisterten, die nicht im Stadion präsent waren, sondern über die großen Athleten und Sportlerinnen von Zeitungen, Illustrierten und aus dem Radio informiert wurden, entstanden die Stars aus mythischen Erzählungen, die sich mit ihren Bildern verbanden, wie die Tennisspielerin Suzanne Lenglen, der Läufer Paavo Nurmi und der Schwimmer Johnny Weissmuller.

Für die Spiele von Amsterdam 1928 verweigerten die religiösen Parteien im Parlament ihre Zustimmung, mit Verweis auf den heidnischen Ursprung der Spiele. Das Problem wurde durch die großzügige Unterstützung der Zivilgesellschaft bewältigt. Von Unternehmern, Vereinen, Verbänden und von Privatpersonen wurden erhebliche Beträge aufgebracht; im Ausland lebende holländische und ursprünglich aus Holland stammende Geschäftsleute, wie der Kaugummihersteller Wrigley, stifteten bedeutende Summen, so dass die Finanzierung schließlich gesichert werden konnte. Von vornherein war klargestellt, dass die Organisatoren die grundsätzlichen Überzeugungen der puritanischen holländischen Gesellschaft respektieren würden: kein Einsatz von Lottogeldern und keine Wettkämpfe an Sonntagen. Der Zeitplan für alle Wettkämpfe war auf zwei Wochen begrenzt. Auch die baulichen und urbanistischen Investitionen verwirklichten das Ideal schlanker Spiele.

Wege und Abwege zum Ruhm – Los Angeles und Berlin

Im Jahr 1932 hatte die *great depression* Kalifornien voll erfasst. Es bedurfte US-amerikanischen Unternehmergeistes, um die Spiele gegen die Zeitstimmung zu einem Erfolg zu führen. Von der Regierung in Washington hatten die Veranstalter von Los Angeles nichts zu erhoffen. Sie setzten auf Lokalpatriotismus. Mit der Hilfe regionaler Unternehmer konnte das Olympiastadion, das Coliseum, errichtet werden. Country Clubs und Golfclubs beteiligten sich tatkräftig an der Organisation und Ausstattung einzelner Wettbewerbe. Als eine Art Musterausstellung für Immobilienfirmen war das olympische Dorf errichtet worden. Nach den Spielen wurde es Haus für Haus verkauft. Ein bedeutender Sponsor der Spiele von Los Angeles war die Filmindustrie. An der umfassenden Öffentlichkeitsarbeit vor den Spielen beteiligten sich die wichtigsten Studios und bedeutendsten Schauspieler. Während der Spiele veranstalten sie eine endlose Folge von Partys, Bällen und Empfängen. Die Eröffnungs- und Schlussfeier wurden zu gigantischen Spektakeln mit Tausenden Mitwirkenden.

Beeindruckt schilderten die Beobachter aus Deutschland, Carl Diem und Theodor Lewald, die Organisatoren der kommenden Spiele in Berlin, wie die US-Amerikaner die Sache anpackten. Sie lobten die pünktlichen Transporte, die minutiöse Organisation, die günstigen Ticketpreise und den Zuschauerboom, den überwältigenden Eindruck des Olympiastadions, das Gemeinschaft erzeugende olympische Dorf. Inakzeptabel war für sie allerdings die kommerzielle Durchdringung der Spiele, insbesondere die allgegenwärtige Werbung für die Produkte jener Firmen, die zu deren Finanzierung beitrugen. Von ihrer Inszenierung und dem massiven Einsatz von Massenmedien waren Diem und Lewald jedoch tief beeindruckt. Diese Aspekte begann auch die Nazipropaganda zu entwickeln.

In Los Angeles trug der Einsatz der Medien, der Stars *und* der Zivilgesellschaft Früchte: Die Spiele wurden von doppelt so vielen Zuschauern besucht wie jene von Amsterdam. Sie blieben als großes Spektakel in Erinnerung. In der Endabrechnung stand ein finanzieller Gewinn zu Buche. Das Coliseum konnte 52 Jahre später, bei den Olympischen Spielen von 1984 von neuem genutzt werden. Die mit Abstand erfolgreichste Nation waren die USA mit 41 Goldmedaillen. Italien kam mit 12 Siegen auf den zweiten Platz. Es war klar, dass die US-Amerikaner von ihrem College-System profitierten, die Italiener wiederum von der Aufwertung des Sports und seiner massiven staatlichen Förderung durch den Faschismus. Unter Fachleuten gab es in Deutschland genug Ideen, wie die Leistungsstärke der Athleten angehoben werden könnte. Es kam darauf an, die Reichsregierung von einer systematischen Leistungsförderung mit großzügiger Finanzierung zu überzeugen. 1932 war von den Nationalsozialisten in dieser Hinsicht nichts zu erwarten. Ihre Ideologen lehnten den olympischen Sport entschieden ab; seine Ideen – die internationale Ausrichtung, der Aufruf zum Völkerfrieden, die Beteiligung aller Nationen und Ethnien, der Leistungssport für Frauen – widersprachen ihren völkischen und rassistischen Vorstellungen. Als die Nationalsozialisten im Januar 1933 an die Macht kamen, erkannte Hitler jedoch sofort die Chance, die ihm die Olympischen Spiele in Berlin 1936 boten.

Coubertin wollte die Olympischen Spiele in den Rang eines religiösen Ereignisses erheben – die Nazis waren Spezialisten von Großveranstaltungen mit religiöser Grundierung. Sie verfügten über eine Filmindustrie, über die Mittel der Massenregie sowie bereitwillige Massen und beherrschten den manipulativen Einsatz von Musik. Mit ihrer Hilfe konnten sie die Spiele rituell aufwerten und ihnen kultische Aspekte verleihen. Sie besaßen die technischen Mittel, um Massen zu organisieren und Stimmungen zu erzeugen: Lautsprechersysteme für riesige Räume, internationale Radiosendungen, die ersten Fernsehübertragungen, Fotokameras mit neuen technischen Möglichkeiten (Teleobjektiv), Überwachungs- und Mobilisierungstechniken der Polizei und Gestapo. Ihre Massenszenen hatten theatralischen Charakter, sie setzten Filmkulissen ein und ließen ihre Darsteller rituelle Handlungen vollziehen. Es gelang ihnen, aus banalem Geschehen, wie Aufmärschen und Appellen, feierliche Akte zu machen. Hitler begriff, dass er mit den materiellen, symbolischen und ästhetischen Möglichkeiten, über die er verfügte, ein Ereignis zustande bringen könnte, das nicht nur alle bisherigen Spiele, auch die US-amerikanischen, übertrumpfen, sondern auch dem modernen Olympia einen Mythos und eine rituelle Kraft geben könnte, von denen Coubertin noch nicht einmal träumte.

Hitler verstand, dass der Olympismus mit seiner feierlichen Beschwörung der Antike und die NS-Ästhetik zu einem homogen erscheinenden Weltereignis zusammengefügt werden könnten: Das IOC besaß aufgrund der von den Spielen ausgedrückten Antikensehnsucht und seiner Mitglieder ein hohes kulturelles Prestige und den Ruf einer Friedensorganisation. Die Nazis konnten es mit Gaben bereichern, die ihm kein Veranstalter der bisherigen Spiele geben konnte: Sie finanzierten Tiefgrabungen im antiken Hain Olympias, sie überließen die kultische Gestaltung der Eröffnungs- und Schlussfeier olympischen Schwarmgeistern wie Carl Diem; sie gewannen willige Künstler von Weltrang (wie Richard Strauss, die Berliner Philharmoniker, die Stars des Ausdruckstanzes, die Bildhauer Georg Kolbe und Arno Breker, den Architekten Werner March); und sie stellten eine der bedeutendsten Kulturstädte der Welt in den Dienst der Olympischen Spiele. Wie Coubertin hatte Hitler einen Willen zum Mythos. Aber *sein* Wille war ein fundamental anderer. Er war nicht vom Griechentum inspiriert; er tat den aus der Antike entlehnten Symbolen Gewalt an: Er zwang sie unter *seine* Deutung.

Das schwierigste Problem für das Nazi-Regime war die Boykottdrohung durch die USA. Jüdische Verbände beklagten den zunehmenden antisemitischen Druck in Deutschland. Auch kirchliche Vertreter in den USA sprachen fur bedrohte deutsche Gemeinden. Jeder Zeitungsleser konnte sich über die Situation informieren: Pogrome (die sog. »Reichskristallnacht«) und die Nürnberger Rassengesetze (von 1935) ließen an der antisemitischen Haltung des Regimes keinen Zweifel. Als sich ein möglicher Olympiaboykott der USA abzuzeichnen begann, überzeugte sich der Präsident des US-amerikanischen Olympischen Komitees, Avery Brundage, auf einer Reise nach Deutschland von den guten Absichten der Veranstalter. Als Zeichen ihrer friedlichen Haltung verpflichteten sich diese, jüdisch-stämmige deutsche Athleten, die im Ausland lebten, in das deutsche Olympiateam aufzunehmen. Ihnen gelang es, die Fechterin Helene Mayer (die in Los Angeles Gold im Fechten gewonnen hatte) und den Eishockeyspieler Rudi Ball für das deutsche Team zu gewinnen. Der Hochspringerin Gretel Bergmann sicherten sie die Teilnahme an den Ausscheidungskämpfen zu. Nachdem sie alle deutschen Konkurrentinnen besiegt hatte, wurde sie aus fadenscheinigen Gründen doch nicht nominiert. Die angebliche Bereitschaft, sie in die deutsche Mannschaft aufzunehmen, genügte dem US-amerikanischen Olympischen Komitee, die Teilnahme seiner Athleten durchzusetzen.

Die größte aller Täuschungen der Berliner Spiele war die Darstellung des nationalsozialistischen Deutschlands als friedliche Nation. Für die Zeitdauer der Spiele wurde die antisemitische Propaganda aus dem Stadtbild entfernt. Seinen Gefolgsleuten verordnete Hitler vorübergehende Zurückhaltung gegenüber Juden und schwarzen Sportlern. Ansonsten vertraute er darauf, dass die Gäste nur das sehen würden, was der Vorstellung eines festlichen Olympias entsprach. Kontrollen und Observationen der politischen Polizei wurden intensiviert und gegen die Besucher aus dem Ausland gerichtet, Briefe der Teilnehmer diskret geöffnet, die Medienvertreter einer permanenten Propaganda ausgesetzt, die eigene Bevölkerung scharf beobachtet, »störende Elemente« aus dem Stadtbild entfernt und, wie die Sinti und Roma, in Lager eingesperrt, eine Art Vorform des KZs.

Hitler setzte die deutsche Hochkultur als Machtmittel ein, um die weltweite öffentliche Meinung zu beeindrucken. Kultur hat keine Bataillone; sie besitzt aber, wie Friedrich Nietzsche in der *Genealogie der Moral* zeigt, die Fähigkeit, die Wahrnehmung ihrer Gegner zu verändern und sie durch den Wechsel der Perspektive in eine Position der Schwäche zu versetzen. Mit der propagandistisch eingesetzten deutschen Kultur versuchte das Nazi-Regime zu demonstrieren, dass es den Olympismus tiefer verstanden hätte als alle anderen Nationen. Das begann damit, dass das Deutsche Reich das antike Olympia aus dem Flussschlamm ausgraben ließ, der es anderthalb Jahrtausende zugedeckt hatte. Hinzu kam die Behauptung einer Seelenverwandtschaft der Deutschen mit den Griechen. Vorgeführt wurde diese Verbindung zwischen Griechenland und Deutschland durch eine Erfindung eines deutschen Behördenmitarbeiters: den olympischen Fackellauf von dem historischen Olympia quer durch Osteuropa nach Berlin.

Es gibt kein Symbol der Spiele, das die deutschen Organisatoren nicht im Sinne des Nationalsozialismus umgedeutet hätten. Dies geschah auf subtile Weise: Den Symbolen wurde die eindeutige Zugehörigkeit zum olympischen Zeichenrepertoire genommen – sie wurden in *zwei*deutige Zeichen umcodiert, die olympisch *und* nationalsozialistisch waren. Als olympische Zeichen waren sie friedlich, als NS-Symbole wurden sie mit Gewalt aufgeladen. Diese Doppeldeutigkeit gab den deutschen Veranstaltern die Möglichkeit, die NS-Zeichen zu den *eigentlich* olympischen zu erklären. In der Geschichte Olympias lassen sich viele Momente von Gewalt nachweisen, insbesondere im Boxen und im Pankration, dem Allkampf. Der Organisator der Berliner Spiele, Carl Diem, tendierte als Hobbygelehrter zu einer Sicht auf die Antike nach dem Modell Spartas gegen die Kultur Athens – nicht lichtdurchflutet und von Schönheit geprägt wie jenes von Jacob Burckhardt, sondern düster und todesnah. Mit diesem Grundzug spiegelte er der Weltöffentlichkeit ein ›vertieftes‹ Verständnis Olympias vor.

Trotz aller Anstrengungen, die Welt von der neuen Stärke Deutschlands zu überzeugen, ging die Rechnung nicht vollkommen auf. Die Medaillenbilanz hatte man im Voraus richtig eingeschätzt: Die deutsche Mannschaft wurde mit größter Sorgfalt auf die Spiele vorbereitet. Tatsächlich wurde Deutschland mit deutlichem Abstand vor den USA die erfolgreichste Nation. Die Erinnerung an die Spiele ist jedoch unlösbar mit dem afroamerikanischen Athleten Jesse Owens verbunden. Er war der überragende Sportler der Olympischen Spiele in Berlin, mit vier Goldmedaillen, mit Weltrekorden und olympischen Rekorden. Er war nicht nur der erfolgreichste Athlet, sondern auch der beliebteste und am meisten bewunderte Mensch im Olympiastadion. Die scheinbare Leichtigkeit seiner Siege, seine Herzlichkeit, mit der er den deutschen Konkurrenten im Weitsprung Luz Long zum Partner seines Ruhms machte, bildeten ein einziges Statement gegen den Rassismus der Nazis. Der Jubel der Zuschauer galt vor allem ihm; er prägt bis heute die Erinnerung an die Spiele von 1936, insbesondere in Berlin, wo man die Allee am Olympiastadion nach ihm benannte. Von Jesse Owens' Athletik und Persönlichkeit zeugt auch der *Olympia*-Film von Leni Riefenstahl, der ansonsten der NS-Ideologie huldigt. Hitlers Strategie, den Olympismus nationalsozialistisch umzudeuten, ist nicht am Widerstand des IOC, des US-amerikanischen Olympischen Komitees oder

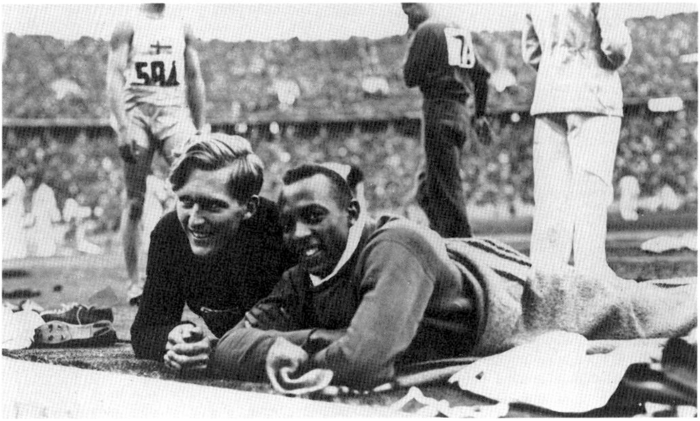

Luz Long (D, l.) und Jesse Owens (USA, r.) beobachten gemeinsam ihre Konkurrenten, 1936

politischer Autoritäten gescheitert. Sie wurde von Jesse Owens und anderen Athleten unterlaufen, deren Erfolge und Auftreten der NS-Rasseideologie widersprachen.

Das IOC sah in den Spielen von Berlin einen außerordentlichen Erfolg für die olympische Bewegung. Es nahm nicht zur Kenntnis, dass Hitler nach 1936 seinem Gefolgsmann Albert Speer freie Hand für die Planung Germanischer Spiele in Nürnberg gab, die alles bisher Dagewesene übertreffen sollten – abgelöst vom Internationalismus und von der Friedensidee. Als Japan nach Ausbruch des Zweiten Japanisch-Chinesischen Krieges 1938 die für Sapporo 1940 vorgesehenen Winterspiele zurückgab, erhielt das Deutsche Reich den Zuschlag für Garmisch-Partenkirchen.

In Zeiten des Kalten Krieges

Es zeigt die Kraft der Olympischen Spiele, dass die Sportnationen nach dem Zweiten Weltkrieg erneut mit der Absicht zusammenfanden, die Wettkämpfe aufzunehmen und die Geschichte des Olympismus fortzusetzen. Im Folgenden wird meine Darstellung nicht über alle Spiele gleichermaßen berichten, sondern selektiv verfahren und die Aufmerksamkeit auf Aspekte lenken, die die olympischen Ereignisse besonders aussagekräftig für ihre Zeit erscheinen lassen.

Als im Sportpark von Helsinki 1952 die am Zweiten Weltkrieg beteiligten Mächte wieder zusammentrafen, schien die alte Weltgemeinschaft des olympischen Sports wiederhergestellt zu sein. Das IOC betraute die ehemaligen Achsenmächte mit den Spielen von 1956 (Winterspiele in Cortina d'Ampezzo), von Rom (1960), von Tokio (1964) sowie von Sapporo und München (beide 1972). Italien, Japan und die Bundesrepublik erkannten gleichermaßen die Chance, sich vor der Weltgemeinschaft als Länder mit neuer nationaler Identität darzustellen.

Drei Versuche, die Vergangenheit zu überwinden: Rom, Tokio, München

In den drei Ländern hatte die Vergangenheit ein deutlich unterschiedliches Gewicht. Italien war an einer Aufarbeitung der Geschichte des faschistischen Sports nicht interessiert. Rom verfügte bereits über imposante Sportstätten, die Mussolini in Erwartung zukünftiger Spiele hatte anlegen lassen. Hinzu kam das bauliche Erbe der Antike, das die Veranstalter auf wirkungsvolle Weise für ihre Inszenierung zu nutzen verstanden. Tokio war im Weltkrieg vollständig zerstört worden, ebenso die gesamte ökonomische Struktur. Das Land entwickelte sich nach dem Krieg zu einem modernen Wirtschaftsstandort, der mit kapitalistischer Wirtschaft zu einem großen Sprung nach vorn angesetzt hatte. Diskussionen über die Rolle des imperialistischen Japan fanden und finden bis heute nicht statt. Die Olympischen Spiele in Tokio waren eine einmalige Chance, die Wiedergeburt des Landes zu nutzen: mit organisatorischer Tüchtigkeit, urbanistischer Planung, architektonischen Leistungen und Gastfreundschaft.

In Deutschland war die Situation deutlich komplizierter. Die Bundesrepublik setzte sich gerade im Vorfeld der Spiele von München intensiv mit den nationalsozialistischen Verbrechen an den Juden auseinander. Von den sozialistischen Ländern des Ostblocks wurde die moralische Integrität der westdeutschen Organisatoren in Zweifel gezogen. Allerdings waren die politisch maßgeblichen Persönlichkeiten, wie der Münchner Oberbürgermeister Hans-Jochen Vogel, Willy Brandt, zuerst Außenminister, dann Kanzler, und Bundespräsident Gustav Heinemann über jeden Zweifel erhaben. Die Münchner Organisatoren und die Bundesregierung waren sich einig in der Absicht, die Bundesrepublik als weltoffenes und friedliches Land zu präsentieren.

Für die Fernsehzuschauer in Europa, die aus Rom zum ersten Mal Direktübertragungen von den Olympischen Spielen sahen, entstanden Bilder großartiger Sportereignisse: die Leichtathletikwettbewerbe aus dem Olympiastadion mit neu-

Gesamtdeutsche Olympiamannschaften 1966 bis 1968

Nach 1945 wurde Deutschland zu den ersten Nachkriegsspielen in London 1948 nicht eingeladen. An den Spielen in Helsinki 1952 konnte das Nationale Olympische Komitee (NOK) der Bundesrepublik hingegen teilnehmen; es war inzwischen, anders als das NOK der DDR, vom IOC anerkannt worden. Das verschaffte den westdeutschen Sportlern gegenüber denen aus der DDR eine Art Alleinvertretungsrecht wie jenes, das die bundesdeutsche Diplomatie jahrzehntelang verteidigte. Die alte Funktionärsgruppe, die die Spiele von Berlin organisiert hatte, baute gleich nach dem Krieg die westdeutschen Sportstrukturen nach Maßgabe der Westalliierten wieder auf. Bei den Spielen von 1956 bis 1968 verlangte das IOC, dass die besten deutschen Sportler aus West und Ost in einer gesamtdeutschen Mannschaft starteten. Durch die außergewöhnlichen Sporterfolge seiner Athleten erwarb sich der DDR-Sport im Laufe der Zeit eine hohe Anerkennung. Schließlich wurde der DDR die Möglichkeit eingeräumt, mit einer eigenen Mannschaft, unter eigener Fahne und mit der DDR-Hymne bei Olympischen Spielen anzutreten – was ausgerechnet in München 1972 zum ersten Mal geschah.

ester Technik (elektronischer Zeitnahme), das Turnen aus den Thermen des Caracalla, Ringen aus der Maxentiusbasilika, Rudern vom Albaner See vor der päpstlichen Sommerresidenz Castel Gandolfo. Durch die Nähe der antiken Stätten erhielten die modernen Wettkämpfe in Rom eine geschichtliche Dimension, die sie selbst in Athen 1896 nicht hatten. Der Höhepunkt war der Marathonlauf: Gestartet wurde er am Capitol und auf der Via Appia Antica zum Ziel am Konstantinbogen zurückgeführt. Überraschend kam als Erster ein dunkelhäutiger Läufer auf die Zielgerade, ein Athlet aus Äthiopien, der ehemaligen italienischen Kolonie Abessinien, die Mussolini 1936 erobert hatte und die 1941 befreit wurde. Niemand hatte ihn auf der Rechnung gehabt. Er hieß Abebe Bikila, kam aus einem Dorf, lief barfuß, hatte alle Favoriten nach und nach abgehängt: der erste afrikanische Läufer, der eine Goldmedaille errang. Er kündigte die zukünftigen Triumphe der Langstreckler aus dem ostafrikanischen Hochland an. In Tokio 1964 gewann er erneut.

Zwischen den Spielen von Tokio und denen von München lagen die Ereignisse von Mexico City. 1968 war das Jahr des Aufbegehrens in Politik, Kultur und Bildung, das Jahr der Konflikte. Sie brachen überall auf, wo die Spannungen übermächtig wurden. In den USA revoltierte die schwarze Bevölkerung gegen Unterdrückung und Polizeigewalt. Im April wurde der Bürgerrechtler Martin Luther King, der sich für eine friedliche Abkehr vom Rassismus eingesetzt hatte, ermordet. In dieser aufgeheizten Stimmung fanden die Spiele von Mexico City statt.

In München 1972 wollten die Organisatoren alles besser machen als 1936. Und sie wollten das korrigieren, was sie an Rom und Tokio kritisierten – an Italien die Geschichtsverges-

1968 – Mexico City

Zu einem im Umkreis von Olympischen Spielen niemals erlebten Gewaltausbruch kommt es in Mexico City wenige Wochen vor der Eröffnungsfeier. Hier demonstriert die Studentenbewegung, wie an vielen anderen Orten der Welt 1968, für Rechtsstaatlichkeit und gegen das Regime der Staatspartei PRI. Bei einer Kundgebung auf der *Plaza de las Tres Culturas* am 2. Oktober werden rund zehntausend Studenten von Soldaten eingekesselt und mit Panzern, Scharfschützen und Maschinengewehren angegriffen. Dreihundert Demonstranten oder mehr werden erschossen, siebenhundert verletzt. Die Zahl der Personen, die gefangen genommen, gefoltert und umgebracht werden, bleibt unbekannt. Im Herbst 2019 entschuldigt sich die mexikanische Regierung für dieses Massaker.

Das IOC unter Avery Brundage ignoriert das Blutvergießen. Die Spiele finden wie geplant statt. Unter den afroamerikanischen Athleten gibt es einige Persönlichkeiten, die nicht bereit sind, die ihrer Ethnie täglich zugefügten Ungerechtigkeiten und Demütigungen widerspruchlos zu ertragen. Bei den Olympischen Spielen

senheit, an Tokio die Dominanz des Betons und die fehlende Einbeziehung des städtischen Kontextes. Das Wunschbild der Münchner Veranstaltung wurde mit der Devise »heitere Spiele« formuliert; darin schwang das Ideal der Natürlichkeit und Einfachheit mit. Es sollten bescheidene Spiele (»mit menschlichem Maß«) werden, um der häufig wiederkehrenden Kritik an den exorbitanten Ausgaben für die Spiele zu begegnen. In der Endabrechnung wurden die veranschlagten Kosten um ein Mehrfaches überschritten.

sollen sie als Medaillengewinner die Größe der USA bezeugen, während sie zu Hause als Menschen zweiter Klasse behandelt werden. Zu ihnen gehört der Sprinter Tommie Smith von der San José State University. In Mexico City gewinnt er das 200-m-Finale mit neuem Weltrekord (19,83 Sekunden), sein Freund John Carlos wird Bronzemedaillengewinner. Zur Siegerehrung erscheinen sie ohne Schuhe, nur in schwarzen Socken. Peter Norman aus Australien, der Silbermedaillengewinner, schließt sich ihrer Aktion an. Bei der Nationalhymne senken Smith und Carlos den Blick und recken eine Faust empor, die in einem schwarzen Handschuh steckt – eine Pose der Black Panthers. IOC-Präsident Brundage fordert den Ausschluss beider Sportler aus ihrer Nationalmannschaft. Beide werden unverzüglich nach Hause geschickt. Smith und Carlos gehören nicht zum militanten Flügel der Black Panthers. Mit Martin Luther King sind sie sich einig in der Forderung nach Respektierung der Bürgerrechte. Ihre spektakuläre Aktion weist auf die grundlegende Aufgabe des Olympismus hin, die Gleichberechtigung aller Menschen zu fördern. Viele Jahre später erkennt man in den USA ihren Mut an. 2004 wird an ihrer Universität eine Skulptur für beide errichtet.

Für die architektonische Gestaltung erhielt ein Planerteam den Zuschlag, das eine leichte, schwebende Architektur vorschlug. Als idealer Ausdruck des Aufbruchs und der Hoffnung, die für eine kurze Zeit die Mehrheit der Westdeutschen bewegte, entstanden in einer Parklandschaft die zentralen Wettkampfanlagen. Über das Olympiastadion spannte das Team von Behnisch und Partner ein transparentes Zeltdach und verband mit seiner schwingenden Linie weitere Sportstätten miteinander. Es war der überzeugende Gegenentwurf zur Archi-

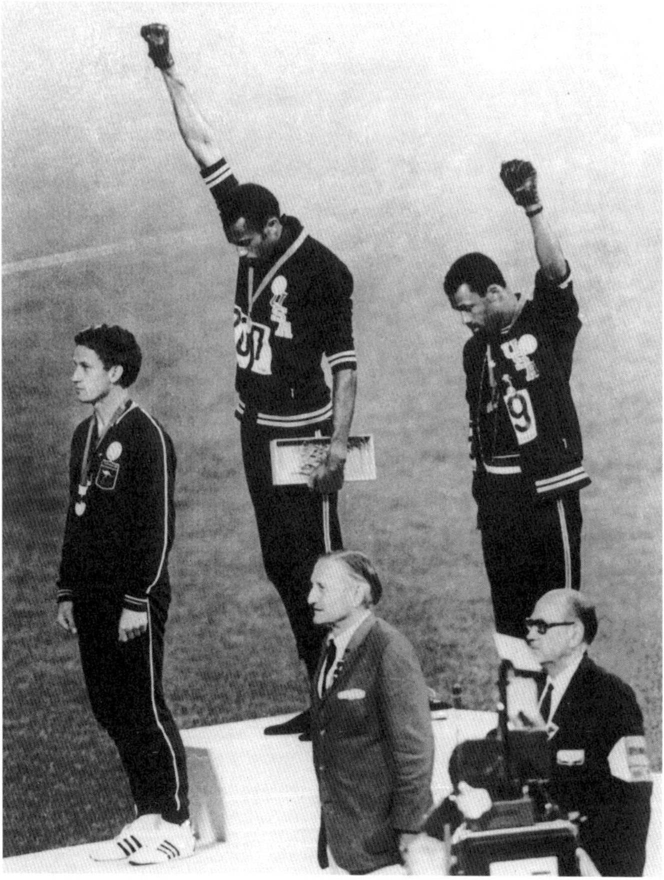

Mexico City 1968, Siegerehrung für das 200-m-Finale: Tommie Smith (USA, m.) und John Carlos (USA, r.) zeigen den »Black Power Salute«. Peter Norman (AUS, l.) verhält sich solidarisch.

tektur des Berliner Olympiastadions, ein genuiner Ausdruck der politischen Grundstimmung der Zeit; er stellte ein entkrampftes Verhältnis zur Macht dar.

In das Stadion gelangten die Zuschauer durch den von Günther Grzimek entworfenen Park, der mit seinen künstlich geschaffenen Hügeln, mit See und Wasserlauf und mit seinen unregelmäßig gepflanzten Bäumen den Eindruck eines Landschaftsparks hervorrief. Auf dem Weg zu den Wettkampfstätten begriff man, worauf es den Planern ankam: auf das Gefühl des Frei-Seins und der Sorglosigkeit, wie bei einem sommerlichen Festival. Während der Olympischen Spiele wurde hier eine »Spielstraße« angelegt. Über dem Stadion schwebte ein künstlicher Regenbogen (von Otto Piene) und über dem See eine weiße Wolke (von Heinz Mack).

Bei der Konzeption der Eröffnungsfeier achteten die Planer darauf, dass bei den Zeremonien (Entzündung des Feuers, Eröffnungsritual, olympischer Eid) die Feierlichkeit reduziert wurde. Den Nationalsymbolen wurde keine herausragende Bedeutung gegeben. Mögliche Gefahren schienen durch die friedfertige Stimmung im Olympiapark gebannt zu sein. Am Abend vor der Eröffnung der Spiele wurde im ehemaligen KZ Dachau, in der Nähe Münchens, eine Gedenkfeier veranstaltet.

Gegen Protestaktionen war die Münchner Polizei gut gerüstet. Die von ihrem Präsidenten Schreiber entwickelte »Münchner Linie« gegen Provokation und Gefährdung galt als vorbildlich für die Polizeiarbeit. Um die Festival-Stimmung nicht zu beeinträchtigen, verzichtete die Polizei auf das Tragen von Waffen. Ein Sicherheitszaun um das olympische Dorf wurde als störend abgelehnt; man begnügte sich mit einer einfachen Umzäunung. Diese Sorglosigkeit erwies sich als entscheidende Schwäche. Nach zehn Tagen ruhigen Verlaufs der Spiele geschah etwas, was bis dahin bei Olympischen Spielen noch nie vorgekommen war.

Am 5. September drang um 4 Uhr morgens ein Terrorkommando in das olympische Dorf ein, stürmte das Quartier der israelischen Mannschaft und nahm elf Athleten als Geiseln. Zwei von ihnen wurden sofort getötet. Die Terroristen handelten im Auftrag der palästinensischen Organisation »Schwarzer September«, benannt nach einem Angriff der Truppen des jordanischen Königs Hussein im September 1970 auf das Hauptquartier der Palästinensischen Befreiungsaktion (PLO). Für die Befreiung der Geiseln stellten die Entführer Forderungen, die für die deutschen Verhandlungsführer unerfüllbar waren, insbesondere die Freilassung palästinensischer Gefangener aus israelischer Haft. Die Regierungschefin Israels Golda Meir lehnte dies kategorisch ab. Keine arabische Regierung war bereit, den Bitten Willy Brandts zu folgen, in diesem Konflikt zu vermitteln. Als klar wurde, dass eine Befreiung der Geiseln nicht möglich war, forderten die Entführer, mit ihren Gefangenen nach Kairo ausgeflogen zu werden. Mit einem Hubschrauber wurden sie auf den Militärflughafen Fürstenfeldbruck in der Nähe Münchens gebracht. Der Versuch der Polizei, die Entführung gewaltsam zu beenden, scheiterte kläglich. Auf einen solchen Fall waren die Münchner Polizisten nicht vorbereitet. Alle Geiseln, ein Polizeibeamter und fünf der acht Terroristen wurden dabei getötet. Die Spiele wurden für einen Tag unterbrochen. Im Innenraum des Olympiastadions fand eine Trauerveranstaltung statt. Avery Brundage, der den Glauben an die Autonomie des Olympismus höher stellte als die Trauer über die ermordeten Sportler, beschloss seine Rede mit dem Satz, der besser zum Showbusiness gepasst hätte: »The Games must go on.«

So geschah es. Die Wettkämpfe wurden wieder aufgenommen, Medaillen errungen, Siegerehrungen abgehalten, das Publikum kam, das Fernsehen sendete. Aber die Festfreude war verflogen. Die deutschen Verantwortlichen waren tief erschüttert – Daume, Vogel, Brandt und mit ihnen der gesamte Planungsstab fühlten sich um den Ertrag ihrer Spiele gebracht, die so großartig begonnen hatten und nun mit dem Tod israelischer Athleten und eines deutschen Polizisten endeten. Sie hatten der Welt zeigen wollen, dass Deutschland sich im Vergleich zu 1936 zutiefst gewandelt hatte. Immerhin stand die öffentliche Meinung hinter ihnen: 80 % der Deutschen hielten die Spiele von München für einen Erfolg, 78 % unterstützten die Entscheidung des IOC, die Spiele fortzusetzen. Die Bevölkerung überging nicht leichtfertig die Ereignisse, im Gegenteil: Viele Deutsche »solidarisierten sich emotional mit den Opfern« (Kay Schiller und Christopher Young, *München 1972. Olympische Spiele im Zeichen des modernen Deutschlands*). Die Münchener Spiele waren in der Hoffnung auf eine friedliche Welt von einem Land vorbereitet worden, das (noch) keine Erfahrung mit dem Terrorismus hatte und diesem hilflos ausgeliefert war.

Boykott, Boykott – Moskau 1980 und Los Angeles 1984

Mit den Münchner Spielen ging die Amtszeit von Avery Brundage zu Ende. Von dem neuen IOC-Präsidenten Lord Killanin, einem zupackenden pragmatischen Iren, wurde ein Prozess der Erneuerung in Gang gesetzt. Durch seine Reformen erhielten die Athleten und Bewerberstädte einen größeren Freiraum. Er richtete ein Komitee für die Aushandlung der TV-Übertragungsrechte ein und verschaffte dem IOC einen Anteil an den Fernseh-Einnahmen sowie am Verkauf des olympischen Emblems der fünf Ringe. Aus den IOC-Statuten wurden veraltete Strukturen entfernt.

Während seiner Amtszeit hatte Lord Killanin eine Reihe quälender Fragen der olympischen Diplomatie zu lösen. Bereits in Montreal musste 1976 ein erbitterter Streit um Südafrika geschlichtet werden. Das Land war aufgrund des Apartheid-Regimes schon 1970 generell von den Spielen ausgeschlossen worden. Aus Sicht der meisten afrikanischen Länder galt der Beschluss für den *gesamten* Sportverkehr. Allerdings gab es 1976 noch Begegnungen im Rugby (das keine olympische Sportart war) zwischen der neuseeländischen und südafrikanischen Nationalmannschaft. Zu Beginn der Spiele von Montreal forderten 33 afrikanische Staaten den Ausschluss von Neuseeland. Als dieser Beschluss nicht zustande kam, reisten sämtlich Sportler dieser Nationen ab.

Um die Spiele in Moskau 1980 brach ein Streit aus, der noch folgenreicherer wurde. Er führte zu einem tiefen Eingriff in die – relative – Autonomie der olympischen Bewegung. Im Dezember 1979 marschierten sowjetische Truppen in Afghanistan ein, um das gefährdete kommunistische Regime in Kabul zu unterstützen. Daraufhin drohte der US-amerikanische Präsident Jimmy Carter mit einem Boykott der Spiele von Moskau. Als die sowjetische Führung den Krieg dennoch fortsetzte, organisierte er eine breite Front der Ablehnung, insbesondere bei jenen Verbündeten, die von den USA abhängig waren: Die Bundesrepublik, Südkorea, Japan und weitere 62 Länder aus Asien, Afrika und Lateinamerika schlossen sich dem Olympiaboykott an. Großbritannien und Frankreich beteiligten sich an den Spielen, jedoch ohne Nationalflagge und Nationenbezeichnung. In der Bundesrepublik wurde die TV-Berichterstattung von den Spielen auf kurze Tageszusammenfassungen beschränkt. Viele westdeutsche Athleten wurden durch den Boykott um die Früchte ihres jahrelangen Trainings gebracht.

Moskau hatte sich auf die Spiele bestens vorbereitet. Zur Eröffnung spielten die Veranstalter ihre organisatorischen Fähigkeiten aus, die sie zuvor bei den Spartakiaden erworben hatten. Aus dem All übermittelten die Kosmonauten der Raumstation Soljut-6 ihre Wünsche für gutes Gelingen. Für das Festprogramm der Spiele wurden in Moskau prachtvolle kulturelle Veranstaltungen organisiert, Konzerte und Ballettabende, Volkstanz und Zirkusaufführungen.

Im Olympiastadion ging es den Veranstaltern darum, die Vormachtstellung der Sowjetunion in der Welt durch die Leistungen ihrer Athleten und Organisation zu demonstrieren. Wenn man die Möglichkeit hatte, sie zu verfolgen, wurde man Zeuge einer peinlichen Parteilichkeit des Moskauer Publikums. Beim Stabhochsprung unternahmen die hinter der Anlage versammelt Zuschauer alles, um die Konzentration des polnischen Athleten Wladyslaw Kozakiewicz zu stören, der den erhofften Sieg ihres Favoriten Konstantin Wolkow gefährdete. Kozakiewicz bereitete sich seelenruhig auf seinen Sprung vor, lief kraftvoll an und überquerte sicher die Latte: Gold mit neuem Weltrekord (5,78 m). Noch während er herabsegelte, brach ein unbeschreibliches Protestgetöse los. In Siegerpose baute sich der Pole auf der Sprungmatte vor den russischen Fanatikern auf und antwortete mit einer Geste der Verachtung (in Frankreich als »bras de fer« unter Soldaten bekannt), eine bis dahin noch nie gesehene Reaktion auf ein unfaires Publikum, das mit langgezogenem Geheul antwortete. In Polen wurde Kozakiewicz Volksheld. Der sowjetische Botschafter in Warschau forderte die Rückgabe der Goldmedaille.

Von solchen Zwischenfällen abgesehen, glänzten die Moskauer Spiele durch eine Fülle von Spitzenleistungen. Die sowjetische Mannschaft führte mit großem Vorsprung die Medaillenwertung an (80 Goldmedaillen) vor der DDR (47 Goldmedaillen). Zu den herausragenden Athleten gehörten der sowjetische Schwimmer Wladimir Salnikow mit drei Goldmedaillen (darunter ein fabelhafter Weltrekord über 1500 m Freistil), Waldemar Cierpinski aus der DDR, der seinen Sieg im Marathonlauf von Montreal wiederholte, der Äthiopier Miruts Yifter (über 5000 m und 10 000 m). Anders als manchmal dargestellt, mangelte es den Moskauer Spielen keineswegs an Farbe und Klasse. Die drückende Überlegenheit der sowjetischen Athleten in vielen Disziplinen lag an der Abwesenheit ihrer westlichen Konkurrenten. Die Disziplinen, an denen die nach Moskau gekommenen europäischen Sportler und Sportlerinnen teilnahmen, gehörten zu den herausragenden Ereignissen dieser Olympischen Spiele, wie die Rivalität der beiden britischen Läufer Steve Ovett und Sebastian Coe (Ovett schlug Coe über 800 m, Coe gewann darauf die 1500 m).

Mit seiner Boykott-Entscheidung griff Präsident Jimmy Carter tief in die zentrale Institution des Weltsports ein: Sein Dekret entmündigte die westlichen Olympischen Komitees, insofern er bestimmte, *welcher* Krieg einen Boykott der Olympischen Spiele rechtfertigte. 1968 hatten die USA Krieg in Vietnam geführt – ihre Delegation beteiligte sich dennoch an den Spielen von Mexiko. Als sie 2004 ihrerseits in Afghanistan Krieg führten, hielt dies ihre Athleten nicht von einer Beteiligung an den Spielen in Athen ab.

Im September 1983 wurde eine südkoreanische Passagiermaschine über dem sowjetischen Luftraum abgeschossen, woraufhin eine Gruppe konservativer US-Amerikaner wirkungsvoll den Ausschluss der Sowjetunion von den Spielen in Los Angeles 1984 forderte. Die sowjetische Führung nahm dies zum Anlass, ihre Teilnahme abzusagen, da die Sicherheit der Teilnehmer nicht gewährleistet sei, und veranlasste andere Ostblockländer, mit Ausnahme Rumäniens, ihrem Beispiel zu folgen.

Im Unterschied zu Moskau, wo für die Ausrichtung der Spiele unbegrenzte Mittel zur Verfügung standen, wurde Los Angeles wie schon 1932 ausschließlich privat finanziert. Als Organisator brachte Peter Ueberroth das Kunststück fertig, die gesamte Veranstaltung mit einem Überschuss von 225 Millionen US-Dollar abzuschließen, die für Sportprojekte zur Verfügung gestellt wurden. Dabei griff er auf die vorhandenen Sportstätten und andere Kapazitäten zurück. Das alte Olympiastadion, das Coliseum, wurde technisch auf den neuesten Stand gebracht. Den Bau des Schwimmstadions und der Radrennbahn finanzierte er durch Vergabe von Namensrechten an große Firmen, wie er überhaupt das Mittel des Sponsoring erstmalig in der olympischen Geschichte wirkungsvoll einsetzte. Für die Fernsehrechte erlöste er allein von der TV-Gesellschaft ABC 225 Millionen US-Dollar; hinzu kamen 40 Millionen von europäischen und Zahlungen von asiatischen Fernsehsendern. Die Enkelin von Jesse Owens trug die Fackel ins Stadion; der Zehnkampfsieger von Rom, Rafer Johnson, entzündete das Feuer. Mit diesem Akt wurden zwei der größten afroamerikanischen Athleten geehrt.

Das Fernsehen hatte sich auf Duelle mit dem ideologischen Gegner eingestellt, der nun fehlte. Schon nach kurzer Zeit bemerkte man seine Abwesenheit nicht mehr – die US-Amerikaner nutzten die Spiele, um sich selbst zu betrachten. Das deutete sich schon in der Eröffnungsfeier an. Sie feierte den Pioniergeist, den Weg nach Westen, die Wagenburg, die Show »Music of America« mit der »All American Olympic Marching Band« und einem Chor mit 1200 (freiwilligen) Mitwirkenden zeigte eine »Dixieland Jamboree« und eine »Urban Rhapsody« mit Pianisten an 84 Flügeln. Von nun an war US-amerikanischer Patriotismus angesagt. Nach seinem Sieg über 100 m, dem er in Los Angeles noch drei weitere Goldmedaillen hinzufügte, griff sich Carl Lewis eine US-amerikanische Flagge und lief in das Sternenbanner gehüllt eine Ehrenrunde. Damit hatte er die nationalistische Inszenierung des Sieges erfunden. In Los Angeles gab es 83 US-amerikanische Sieger mit Fahne und Hymne. Damit nicht genug, bereitete das Fernsehen für jeden Wettbewerb, in dem eine US-amerikanische Medaille möglich war, eine kleine *Soap Opera* vor, die vor Beginn der jeweiligen Entscheidung eingespielt wurde. Das Sportfernsehen wurde zum Produzenten von zumeist pathetischen Stories, deren Helden irgendeinen Schicksalsschlag überwunden hatten. So wurden sie auch dann Sieger, wenn sie nicht gewonnen hatten. Ihre Gegner kamen in diesen Geschichten nicht vor; die Größe ihres Charakters und Patriotismus reichte für die Erzeugung großer Gefühle aus. Die Vertreter anderer Nationen rutschten im Laufe der Spiele immer mehr in die Rolle von Statisten ab. Olympia wurde zu Heimatspielen.

Die neue Erzählweise des Fernsehens bot ein Amalgam aus Heldentum, rührenden Familiengeschichten, pathetischen Gesten, kitschiger Musik und getragener Erzählerstimme – eine Formel mit unschlagbaren Vorteilen: Sie konnte *vor* dem Ereignis produziert werden, versprach menschliche Nähe und

Der Amateurparagraph wird gestrichen

Eine Modernisierung von unabsehbaren Ausmaßen kam unter Lord Killanins Nachfolger Antonio Samaranch zustande: Die Aufgabe des Amateurparagraphen öffnete in der Folge die Olympischen Spiele für eine nicht mehr einzudämmende Kommerzialisierung.

Die Absicht, ausschließlich Amateure zu den Spielen zuzulassen, gehörte zu deren Gründungsgedanken (schon 1894 auf dem ersten Olympischen Kongress festgelegt). Wer auf irgendeine Weise mit seiner Sportaktivität Geld oder materielle Vorteile gewinnt, sollte keine Zulassung zu den olympischen Wettkämpfen erhalten. Dabei dachte man an Berufssportler und -trainer, dann auch an Sport- und Skilehrer. Später wurden die Ausschlusskriterien immer rigoroser: Wer in der Vergangenheit als Sportler Werbung betrieben, für eine sportliche Leistung einmal Geld erhalten oder einen Vertrag für eine zukünftige Profikarriere unterschrieben hatte, wurde disqualifiziert. Diese Bestimmungen trafen auch die prominentesten Sportler, wie Jim Thorpe, Paavo Nurmi und Jesse Owens. Nicht angewendet wurden sie gegenüber den Staatsamateuren des Ostblocks.

Auf der IOC-Session 1981 in Baden-Baden wurde die »Zulassungsregel 26« gestrichen mit der Folge, dass die Spiele sukzessive für Profis aller olympischen Sportarten geöffnet wurden. So wurde es möglich, dass sich das »Dream Team«, die Bestenauswahl des US-amerikanischen Basketballs, an den Spielen von Barcelona 1992 beteiligte.

erzeugte Mitgefühl im Fall eines Scheiterns des Athleten. Sie transformierte die Sportreportage, die bis dahin vorwiegend Männer interessiert hatte, in eine Art Familienprogramm, das insbesondere ein weibliches Publikum anzog. Mit der Rhythmischen Sportgymnastik und dem Synchronschwimmen wurden zwei neue, gerade bei Frauen beliebte Disziplinen in das olympische Programm aufgenommen. Die Einschaltquoten stiegen rapide an; damit erhöhte sich auch der Wert der Werbeminuten.

Die Spiele von Los Angeles schienen nach dem von Präsident Carter aufgezwungenen Boykott der Moskauer Spiele und der Absage Russlands vom Gewicht der Politik erdrückt zu werden. Doch das Gegenteil trat ein. Mit der Veränderung

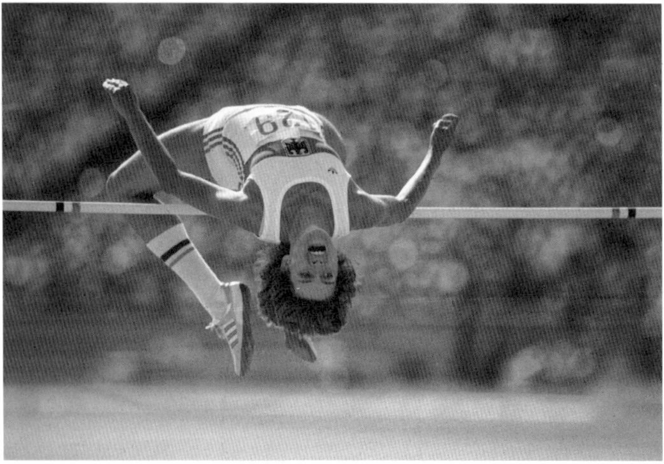

Los Angeles 1984: Ulrike Meyfarth (BRD) gewinnt Gold im Hochsprung, zum zweiten Mal nach den Spielen 1972 in München.

der Inszenierung von einem Duell mit der Sowjetunion hin zu einer Feier der amerikanischen Nation entwickelte sich Olympia zu einem hochprofitablen Unternehmen. Diese Möglichkeit hatte man vorher noch nicht erkannt. In Los Angeles wurden die Kräfte des Marktes entfesselt, die das sportliche Ereignis in eine neue Ära rissen und ihm neue Möglichkeiten zuwiesen: den Patriotismus zu entfachen, um mit seiner Dynamik Geld zu generieren. Die USA zeigten der Welt, wie man stärkste Sportnation wird, wie man sich feiert, nationale Mythen erzeugt und dabei noch Geld verdient. Die Spiele gerieten zu einer Show – ein Spektakel der Körper, der Stars, der Moden, der Jugendlichkeit, des Patriotismus, des *American Way of Life*. Bei den Olympischen Spielen in Kalifornien wurde die Bindung an traditionelle Werte gelockert, wenn nicht sogar endgültig gelöst. Bis Los Angeles hatten diese ein gewisses Gegengewicht gegen eine schrankenlose Konsumgesellschaft gebildet. Das neue Paradigma war hochansteckend.

Olympia im Höhenrausch

Von den Festtagen in Katalonien zum Aufwachen in Griechenland

In der Zeit der Olympiaboykotte wurde die zukünftige Entwicklung der Spiele (insbesondere in Deutschland) pessimistisch eingeschätzt. Von den Spielen in Moskau und denen in Los Angeles wurde nicht viel erwartet, und auf die Spiele in Seoul setzte man keine große Hoffnung. Als Seoul 1981 die Spiele erhielt, gab es nur einen einzigen weiteren Kandidaten, das japanische Nagoya. Im Vorfeld von 1988 waren die politischen Verhältnisse in Südkorea alles andere als demokratisch. Man hatte jedoch die Kraft der Erneuerung des olympischen Sports und das deutlich zunehmende Interesse des Fernseh-Publikums an der Show in den Stadien unterschätzt. Mit Erstaunen sah man in der westlichen Welt, welch hohe Qualität die Wettkampfstätten und die Organisation der Spiele in Südkorea hatten. Für das kleine, bis dahin weitgehend unbeachtete Land waren die Spiele von Seoul eine glänzende Gelegenheit, der Weltöffentlichkeit vor Augen zu führen, welche Entwicklung es innerhalb kürzester Zeit von einem der ärmsten

Doping in der Königsdisziplin

Was in der Olympia-Show geschah, war nicht immer vergnüglich, aber spannend. Sie begann gleich nach Los Angeles mit dem größten Skandal der olympischen Geschichte, dem Fall des Kanadiers Ben Johnson, bei den Spielen von Seoul 1988. Sein Sieg im 100-m-Finale in Weltrekordzeit (9,79 Sekunden) war ein spektakulärer Triumph. Drei Tage später wurde er wegen Dopings disqualifiziert und von den Spielen vertrieben: die Medaille wurde dem US-Amerikaner Carl Lewis zugesprochen (seine Zeit: 9,92 Sekunden). Später wurde bekannt, dass auch Lewis Doping nachgewiesen worden war, allerdings schon früher, bei den US-Ausscheidungskämpfen. Damit hätte er für die Spiele in Seoul gesperrt werden müssen, wenn der amerikanische Verband das Untersuchungsergebnis gemeldet hätte. Auch bei weiteren Finalteilnehmern waren Zweifel angebracht. Von nun an gehörte der Doping-Verdacht mit zu den Spielen; er lastet bis heute auf der Anerkennung von Leistungen bei Olympia.

Länder zu einer bedeutenden Industrienation zurückgelegt hatte. Die Spiele wären perfekt gewesen, wenn es nicht den Doping-Skandal des 100-m-Finales, eine Reihe merkwürdiger Wertungen im Boxen und das Fehlverhalten einiger überehrgeiziger südkoreanischer Teilnehmer gegeben hatte.

1992 war das Jahr Spaniens. Das Land feierte die Entdeckung Amerikas durch Kolumbus und die Befreiung von den Arabern (1492) sowie die Weltausstellung in Sevilla. Es hatte die Franco-Diktatur abgeschüttelt und sich rasch modernisiert.

Allerdings war noch unklar, ob es genügend inneren Zusammenhalt besaß, um die separatistischen Kräfte zu bändigen. Europa hatte sich mit dem Ende der Spaltung des Kontinents 1989 auch im Sport tiefgreifend verändert. Nach der Auflösung der Sowjetunion trat eine gemischte Mannschaft von Athleten aus den Nachfolgestaaten an (Gemeinschaft unabhängiger Staaten, GUS). Das wiedervereinigte Deutschland bildete eine gemeinsame Mannschaft. Die aus dem zerfallenen Jugoslawien hervorgegangenen Staaten marschierten mit getrennten Mannschaften ein. Wieder dabei war nach der Abschaffung der Apartheid (im März 1992) die Mannschaft Südafrikas. Vieles schien 1992 auf einem guten Weg zu sein. Es deuteten sich jedoch neue politische und sportliche Entwicklungen an, die nicht nur Gutes verhießen. Zur Zeit der Vergabe der Spiele nach Barcelona hatte der katalanische Separatismus noch keine bedrohlichen Züge angenommen. Barcelona wollte seinen Rang als bedeutendes wirtschaftliches, kulturelles und sportliches Zentrum neben Madrid in einer historisch wichtigen Mittelmeer-Region darstellen.

Das Wettkampfprogramm wurde durch Sportarten erweitert wie Bogenschießen, Tischtennis und Badminton, die für asiatische Länder von Interesse waren. Mit der Aufnahme von Baseball und Softball wurde der amerikanische Sportgeschmack bedient. In vielen Sportarten wurden Frauenwettbewerbe eingeführt. Die Zahl der Medienvertreter war höher als je zuvor; von Barcelona berichten 13 000 Journalisten; in London waren es 2012 dann schon 25 000. Der Verkauf der Fernsehrechte brachte 636 Millionen US-Dollar ein; die Übertragungen gingen in 160 Länder. Die Stadt Barcelona wurde auf bemerkenswerte Weise umgestaltet: Die historischen Bauten wurden in neuem Glanz präsentiert, wie der katalanische

Jugendstil und die Architektur von Antonio Gaudí; ein modernes Hafenviertel wurde errichtet, Strände geschaffen, neue Verkehrswege und eine U-Bahn gebaut. Für die Spiele wurden die vorhandenen Anlagen modernisiert, wie das Olympiastadion auf dem Montjuïc und die Ausstellungshallen der Weltausstellung von 1929. Die Ausgaben betrugen etwa 5 Milliarden US-Dollar. Die Stadt Barcelona war der erste Star der Spiele. Sie wurde durch die Olympischen Spiele ein großer Touristenmagnet und blieb dies bis heute.

Die Eröffnungsfeier schwelgte in mythologisierenden Bildern von den historischen Kulturen des Mittelmeers und dem Glanz Spaniens. Das olympische Feuer wurde von einem Behindertensportler, einem Bogenschützen, entzündet, der einen brennenden Pfeil in eine Gaswolke schoss. Als Krönung der opernhaften Darbietungen wurden die größten Gesangsstars Spaniens aufgeboten – Teresa Berganza, Montserrat Caballé, Plácido Domingo und José Carreras.

Unter dem spanischen IOC-Präsidenten Juan Antonio Samaranch wurde nicht nur die fanatische Verfolgung von Verstößen gegen den Amateurparagraphen aufgegeben. Vielmehr wurden intensiv neue Geldquellen erschlossen. Olympia zog Athleten aus kommerziell bedeutenden Sportarten an, aus dem Tennis und – als Highlight der Spiele – die US-amerikanische Basketball-Nationalmannschaft, das »Dream Team« mit den besten Spielern aus der Profiliga NBA. Zum ersten Mal überhaupt spielten die größten Basketballstars ihrer Zeit aus verschiedenen Clubteams in derselben Mannschaft. Magic Johnson, Michael Jordan, Charles Barkley und Clyde Drexler rissen die Zuschauer zu Beifallsstürmen hin. Verzauberung ist das Wort, das die Stimmung im Publikum und in der Stadt beschreibt. Nach dem Kalten Krieg schien sich eine Zukunft anzubahnen, die im mediterranen Hochsommer Hoffnung machte. Spanien gewann dreizehn Goldmedaillen; für das Land zeichnete sich eine erfolgreiche Zukunft ab. Die Zeichen waren jedoch trügerisch. In der Euphorie übersah man die Gefährdungen, denen die Spiele mehr denn je ausgesetzt waren: den Nationalismus, der durch das Verhalten kleiner neuer Staaten noch angefacht wurde, das dominante Auftreten des Fernsehens, die Vorzeichen des katalanischen Separatismus, schließlich das Vordringen des Dopings, das ganze Sportarten in den Griff zu nehmen begann.

Die Ernüchterung nach dem Fest am Mittelmeer folgte bei den nächsten Spielen in Atlanta 1996. In der Stadt Martin Luther Kings hätten Zeichen gegen den Rassismus gesetzt werden können. Ansatzweise geschah dies in der Eröffnungsfeier: Das olympische Feuer entzündete der von seiner Parkinson-Erkrankung schwer gezeichnete Muhammed Ali. Aber diese Symbolik änderte nichts an der Situation der afroamerikanischen Minderheit in den Südstaaten der USA. Zum zweiten Mal nach München 1972 wurden die Spiele zum Ziel eines terroristischen Anschlags: Am neunten Tag der Spiele explodierte im olympischen Gedächtnispark, dem *Centennial Olympic Park*, eine Rohrbombe. Zwei Menschen wurden getötet, Hunderte verletzt. Zu dem Anschlag bekannte sich die *Army of God*, die mit Terror gegen Abtreibung vorging. Die Veranstalter reagierten mit verstärkten Sicherheitsvorkehrungen und brachten die Spiele sicher zu Ende.

Bei den Spielen von Sidney 2000 stand neben dem sportlichen Aspekt die Aussöhnung mit den bis dahin unterdrückten indigenen Gruppen auf der Agenda. Die wichtigste Akteurin dieses Projekts war die australische 400-m-Läuferin Cathy Freeman, eine Aborigene. Ihr wurde die Entzündung der olympischen Flamme übertragen, wie in Atlanta als ein Akt der Versöhnung gedacht. Im Finale des 400-m-Laufs gewann sie unter extremem Erwartungsdruck die Goldmedaille. Nach dem Zieleinlauf blieb sie minutenlang auf der Piste liegen. Die Mitfavoritin Marie-José Pérec aus Frankreich, die in Barcelona und Atlanta schon drei Goldmedaillen gewonnen hatte, war dem Druck nicht gewachsen – sie war vor dem Finale mit unbekanntem Ziel abgereist.

Im Schwimmen wurden reihenweise Weltrekorde gebrochen. Der 17-jährige australische Schwimmer Ian Thorpe gewann dreimal Gold. Gleichermaßen erfolgreich war die Holländerin Inge de Bruijn, Ehefrau eines wegen Dopings gesperrten Diskuswerfers. Eine ähnliche Konstellation gab es in der Leichtathletik: Die US-amerikanische Sprinterin Marion Jones, mit einem Kugelstoßer verheiratet, der später wegen Dopingvergehens gesperrt wurde, wurde 2007 aus den Siegerlisten gestrichen; sie hatte die Einnahme verbotener Substanzen zugegeben. Der Gewinner im 100-m-Lauf, der US-Amerikaner Maurice Greene, wurde später (allerdings nicht im Zusammenhang mit Sidney 2000) des Dopings überführt. Nicht besser erging es dem Sieger im Straßenrennen, Jan Ulrich (Deutschland) und dem Zweiten dieses Wettbewerbs Aleksandre Vinokourov (Kasachstan); beiden wurde bei späteren Wettbewerben Doping nachgewiesen. Über Konstantinos Kenteris, überraschender Olympiasieger über 200 m, und Ekaterini Thanou, ebenso überraschend Zweite über 100 m, beide aus Griechenland, schwebte der Verdacht gezielten Dopings, der sich vier Jahre später, bei den Spielen von Athen, verdichtete, als beide mit einem vorgeblichen Motorradunfall den Dopingproben entgingen und den Wettkämpfen als ›Unfallgeschädigte‹ zusahen. Trotz der ständig schwebenden Dopingverdächtigungen ernteten die Spiele von Sidney weitgehend Zustimmung. Für die weltweite Verbreitung des Olympismus war die Vergabe nach Australien eine wichtige Entscheidung. Sie wurde nicht nur vom Nachbarn Neuseeland begrüßt, sondern auch von den anderen sportbegeisterten Nationen im südpazifischen Raum, die kaum einmal eine Chance haben, Gastgeber der Spiele zu werden.

Die Spiele in Athen 2004 waren eine Demonstration griechischer Politik, Korruption und Egoismen mit katastrophalen Folgen für die Staatsfinanzen Griechenlands und schließlich für die Europäische Union. In der Stadt wurde die gesamte Infrastruktur von Grund auf erneuert, die archäologischen Stätten wurden hergerichtet, neue Museen gebaut. Das Zentrum von Athen bot prächtige Blicke auf die Altertümer und Fußgängerstraßen durch luxuriöse Viertel und die Altstadt. Der Smog war fast verschwunden. Das war der positive Aspekt – das alles hatte nur mit Olympia nichts zu tun und hatte unfassbare Kosten verschlungen. Aus den geplanten 4 Milliarden waren 16 Milliarden US-Dollar geworden – ein Berg von Krediten war entstanden, für den niemand die Verantwortung übernahm und den keiner bezahlen konnte. Es zeigte sich, dass ein verantwortungsloser Olympiakandidat in der Lage ist, die Glaubwürdigkeit seines Landes und der Olympischen Spiele zu ruinieren. Es war zu befürchten, dass kein demokratisches Land mit verantwortungsvollen Politikern eine Olympiabewerbung mehr befürworten konnte. Und dass, wenn die Politiker diese Verantwortlichkeit nicht besitzen, sich die Bürger gegen ein solches Unternehmen stellen würden. Für Olympia blieben dann nur noch die Bewerbungen von autokratisch geführten Ländern, die es für ihre Selbstdarstellung an sich reißen würden.

Große Feiern in Peking 2008 und London 2012, Enttäuschung in Rio 2016

Auf die Misswirtschaft in Athen folgten die staatlich gelenkte Veranstaltung im autoritär regierten China 2008 und die Spiele von London 2012 in einer lockeren, lebenswerten Atmosphäre. Von den Spielen in Peking hatte sich das IOC eine innenpolitische Liberalisierung versprochen. London weckte die Hoffnung auf maßvolle Spiele mit einem deutlichen grünen Touch. Beide Städte blieben hinter den Erwartungen zurück, obwohl sie – oder: gerade weil sie – große Anstrengungen unternahmen.

Mit den Spielen in Peking 2008 wollte China beweisen, dass es technologisch, wirtschaftlich, kulturell und sportlich die USA herausfordern konnte. Die Regierung stellte 40 Milliarden US-Dollar zur Verfügung, um die Spiele zu organisieren. Sie wurden die bis dahin teuersten Spiele aller Zeiten. Mit diesem Budget konnten die Veranstalter die bekanntesten Architekten der Welt mit den Entwürfen ungewöhnlicher Bauten beauftragen, wie das Olympiastadion (*Vogelnest*) von Herzog und De Meuron und die Schwimmhalle (*Water Cube*) von Zaha Hadid. Vor Baubeginn kam es zu erzwungenen Umsiedlungen der (nach Schätzungen: eine Million) Bewohner der alten Stadtregionen, die für die Olympiabauten und Einkaufsflächen vorgesehen waren. Für die olympischen Sponsoren bedeutete die Vergabe der Spiele nach Peking die Öffnung eines riesigen Marktes für Güter der westlichen Lebensweise.

Bei den Wettbewerben im *Vogelnest* und im *Water Cube* stieß der Sport in fast irreale Welten vor. In der Leichtathletik wurden fünf Weltrekorde aufgestellt, im Schwimmen unglaubliche 25. Auf den kurzen Laufstrecken wurden elf der fünfzehn möglichen Medaillen von Läufern und Läuferinnen aus Jamaika gewonnen. Usain Bolt gewann über 100 m und 200 m. Seine Sprints deklassierten die Konkurrenten, wie man es noch nie gesehen hatte. Die unfassbaren Leistungen seines Schützlings erklärte sein Trainer mit harter Arbeit und dem regelmäßigen Verzehr von Süßkartoffeln. Erwähnenswert ist in diesem Zusammenhang, dass es auf Jamaika lange überhaupt keine Doping-Kontrollen gab.

In London wurde ein westlicher Gegenentwurf zu den Spielen von Peking geboten. Für die Anlage des Olympiageländes wurde im Rahmen der Umgestaltung des Londoner Ostens eine Industriebrache im East End erschlossen. Den Organisatoren schwebte eine ähnliche Transformation vor wie bei den Docklands (in den 1980er und 1990er Jahren). Inzwischen hatten sich jedoch die Baupreise in London gewaltig erhöht. Die Kosten überstiegen schließlich mit fast neun Milliarden Pfund den Voranschlag um das Vierfache. Der Olympiapark bot, mit Ausnahme des *Aquatic Centre* von Zaha Hadid, keine besondere Architektur. Anders die ausgegliederten Spielstätten – sie vermittelten etwas von dem Glanz und der Tradition des Britischen Sports: Tennis in Wimbledon, Rudern auf dem Dorney Lake, der Heimat der Ruderer von Eton, Beachvolleyball auf dem Horse Guards Parade.

Ähnlich wie 2008 wurde die Eröffnung der Spiele in London von einem erfolgreichen Filmemacher (in Peking war es Zhang Yimou) inszeniert, von dem Oscar-Preisträger Danny Boyle. Sein mitreißender Regiestil prägte die Eröffnungsfeier, die er ganz unter das Zeichen der Britishness in Geschichte, Kultur, Wirtschaft, Sport, Film, Popmusik und royale Romantik stellte. Die Filmästhetik seiner Inszenierung bereicherte er durch kräftige Anleihen bei Musicals, bei der Popmusik und durch Zitate populärer britischer Filme und TV-Serien. James Bond trat auf, eine Szene aus dem Buckingham Palast mit der Queen wurde eingeblendet, dann ein Video, wie sie (ihr Double) aus einem Flugzeug absprang, während die Kameras im Stadion zeigten, wie sich das Original auf der Ehrentribüne über die Filmsequenz amüsierte. Paul McCartney sang einen seiner Erfolgssongs, die Stones wurden zitiert ebenso wie andere klassische Pop-Größen. Boyles Show entfernte sich gleichermaßen von zeremonieller Steifheit und Massenästhetik durch Witz, Ironie und eine an die schönsten Zeiten von *Swinging London* erinnernde Leichtigkeit. Für diese einmalig gezeigte Show stand ein Budget von 27 Millionen Pfund bereit, vergleichbar mit den Kosten eines Hollywood-Blockbusters.

Wie bei den Spielen zuvor war in London der Dopingverdacht allgegenwärtig. Positiv getestet und umgehend ausgeschlossen wurden allerdings nur einige kaum bekannte Athleten. Im Olympiastadion und im *Aquatic Centre* dominierten dieselben Athleten wie schon in Peking und festigten ihren Ruf als Superstars der olympischen Geschichte. Usain Bolt gewann erneut die beiden Sprintstrecken, über 100 m noch einmal schneller als in Peking, in 9,63 Sekunden. Der US-Amerikaner Michael Phelps war, nach einem zwischenzeitlichen Tief, wieder erfolgreich. Zusammengerechnet mit seinen früheren Olympiaerfolgen gewann er insgesamt 18 Goldmedaillen. Erstaunlich waren die Erfolge der britischen Mannschaft, die durch ihre ethnische Vielfalt auffiel. Die meisten ihrer Erfolge waren das Ergebnis einer jahrelangen intensiven Trainingsarbeit, eines hohen trainingswissenschaftlichen Könnens und einer gezielten Sportförderung, die allerdings zu Lasten der Unterstützung für den Jugend- und Breitensport ging. Bei der Nachnutzung der Anlagen erfüllten sich die Erwartungen nicht. Das Olympiastadion wurde zu einer geringen Jahresmiete den Besitzern des professionellen Fußballclubs West Ham United überlassen.

Nach den Olympischen Spielen in London 2012 strömten Hunderttausende in die Wettkampfstätten, um den Paralympics zuzuschauen.

Die Paralympics

Direkt im Anschluss an die Olympischen Winterspiele in Salt Lake City 2002 hatten die Paralympics mit einem großen Medieninteresse begonnen. Zum ersten Mal wurden sie weltweit live im Fernsehen übertragen. Der Gedanke, spezielle Wettkämpfe für behinderte Sportler zu organisieren, kam zuerst nach dem Ersten Weltkrieg auf. Eine Reihe von Initiativen entstand, um den Kriegsversehrten die Möglichkeit zu sportlicher Aktivität zu geben. Zu einer folgenreichen Aktion kam es durch den Neurologen Ludwig Guttmann: Er organisierte parallel zu den Londoner Olympischen Spielen 1948 im Stoke Mandeville Hospital Wettkämpfe zwischen körperlich Behinderten. Die Veranstaltung wurde jährlich unter der Ägide eines neu gegründeten internationalen Komitees wiederholt. Erste Verbindungen zu den Olympischen Spielen wurden 1960 in Rom geknüpft.

Bei den Spielen in Tokio 1964 wurde erstmalig die Bezeichnung »Paralympics« verwendet. In Deutschland fanden 1972 Paralympics statt, allerdings nicht in München, sondern in Heidelberg. Ab 1988 in Seoul wurden die Paralympics auf den olympischen Sportstätten abgehalten – das IOC hatte entschieden, dass sie in die olympischen Planungen aufzunehmen seien. Ein

Jahr später wurde das Internationale Paralympische Komitee gegründet. In Barcelona 1992 kam einem Behindertensportler die Ehre zu, das olympische Feuer zu entzünden.
An den Paralympics in London beteiligten sich 4200 Sportler und Sportlerinnen aus 160 Ländern. Mit der Einführung einer Nationenwertung erhielten Sportpolitiker Argumente an die Hand, um für öffentliche Subventionen zu werben. Unterstützung kommt den paralympischen Spielen auch durch den gesetzlich verankerten Grundsatz der Inklusion zu, der für Menschen mit Behinderung eine gleichberechtigte und diskriminierungsfreie Teilhabe in allen gesellschaftlichen Bereichen fordert. Sport wird als relevanter Bereich ausdrücklich aufgeführt.

Die Spiele von 2016 waren Brasilien sieben Jahre zuvor in einer Phase der Prosperität unter dem Präsidenten Lula da Silva zugesprochen worden. In der Zwischenzeit geriet das Land in eine schwere politische und ökonomische Krise. Nach einem Niedergang der Rohstoffpreise befand sich die Wirtschaft in einer tiefen Rezession. Im Zuge eines Korruptionsskandals um den Mineralölkonzern Petrobras wurde die Regierungschefin Dilma Rousseff des Amtes enthoben. Die Folge der Krise war ein drastischer Wertverlust der brasilianischen Währung. Nicht nur die Stadt, auch das Bundesland Rio de Janeiro war nicht mehr fähig, die durch die Spiele entstandene Ausgabenlast zu stemmen. Von den bei der Bewerbung gegebenen Versprechen wurden wenige eingelost. Zwar wurde die Sicherheit der Besucher nicht bedroht, aber die Ordnung in der Stadt wurde von Soldaten und Polizeikräften hergestellt, die ebenso brutal vorgingen wie die Gangster, gegen die sie eingesetzt wurden. Die katastrophale Transportsituation in der Stadt hatte sich durch den Bau einer U-Bahnlinie und den Einsatz von Schnellbussen nicht wesentlich verbessert, weil sie nur die wohlhabenden Stadtteile miteinander verbanden. Von Nachhaltigkeit war auf den Kursen der Segelregatten und den Ruder- und Kanustrecken nichts zu merken – die versprochene Erneuerung der Kanalisation hatte offensichtlich nicht stattgefunden. Nachhaltig sollten auch die olympischen Sportstätten errichtet und dann weiter genutzt werden. Tatsächlich wurden sie demontiert, aber nur zu einem Teil in andere Regionen transportiert. Presseberichte (wie in der *Süddeutschen Zeitung*) konstatierten erhebliche Diebstähle und die Verwahrlosung des *Maracanã-Stadions*.

Die Spiele von Rio waren die ersten für den Deutschen Thomas Bach als Vorsitzender des IOC; er spendete außerordentliches Lob für diese »wundervollen Spiele«. Tatsächlich fiel die Bilanz negativ aus – sehr zum Leidwesen aller, die Brasilien lieben. Schuld daran war neben der wirtschaftlichen Krise die Korruption durch die Organisatoren und maßgebliche Sportfunktionäre. Mit Recht kritisiert man die Vergabe der Spiele an autokratisch regierte Länder. Ein demokratisches Land mit korrupten Strukturen ist jedoch keine akzeptable Alternative. Bisher hat das IOC bewiesen, dass es sich mit *beiden* Varianten gut zu arrangieren versteht. Olympische Spiele bürden den Gastländern gewaltige finanzielle Anstrengungen auf. Ihre Bürger haben die Folgen zu tragen, ohne wirkliche Profite davon zu haben, außer einem erhöhten Nationalstolz. Mit ihrer Unzufriedenheit kommen autokratische Regimes wie Russland besser zurecht als instabile Demokratien wie Brasilien, das sein Heil bei einem rechtsradikalen, militärisch auftretenden Regierungschef suchte.

Die Sommerspiele von 2020 wurden nach Tokio vergeben, in die unmittelbare Nachbarschaft einer der größten Katastrophen moderner Technologie. In einer dramatischen Rückschau auf die Ereignisse von 2011 hat der zur Zeit der Nuklearkatastrophe amtierende Premierminister Naoto Kan in *Le Monde diplomatique* (August 2019) daran erinnert, dass Japan in jenen Tagen nach dem großen Tsunami kurz vor der Evakuierung der Bevölkerung des nahegelegene Großraums Tokio – Yokohama stand. 28 Millionen Menschen hätten für lange Zeit umgesiedelt werden müssen. Die Auswirkungen einer solchen Maßnahme hätten unabsehbare Folgen für Japan gehabt. Dank des Einsatzes der Rettungskräfte, die ihr Leben eingesetzt hätten, sei das Schlimmste verhindert worden.

Die Katastrophe von Fukushima ist heute weit davon entfernt, bewältigt worden zu sein. Die Folgelasten sind bedrückend, auch was die Finanzmittel angeht, die nötig sind, um den Einwohnern zu helfen, in ihre Heimat zurückzukehren und eine neue Existenz aufzubauen. Das ist bis heute nur unzureichend geschehen. Gleiches gilt für die Region Tohoku, dem Gebiet nördlich von Fukushima. Es ist von der Riesenflut schwer geschädigt worden. Durch die Olympischen Spiele werden große Geldmengen zur Herrichtung der Wettkampfstätten, für die Organisation der Spiele und die Bauten in Tokio abgezogen. Im Jahr vor der Flut habe ich in der kleinen Küstenstadt Ishinomaki Freunde besucht, dann erneut zwei Jahre danach. Wenn man das Ausmaß der Zerstörung und die Not der Menschen gesehen hat, die ihre Angehörigen, ihre Häuser und ihre Geschäfte verloren haben, kann man dieser Umlenkung der Geldflüsse wenig Gutes abgewinnen.

Olympiastadien

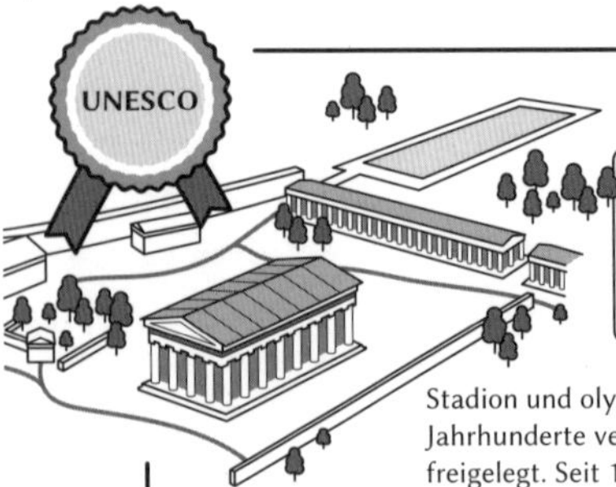

Das antike Olympia

Eröffnung der ersten Stadionanlage: Um 550 v. Chr.
Architekt: Unbekannt
Kapazität: 50 000 Zuschauer

Stadion und olympische Heiligtümer waren über viele Jahrhunderte verschüttet. Vollständig erst 1961 wieder freigelegt. Seit 1989 Teil des UNESCO-Weltkulturerbes.

Amsterdam 1928

Eröffnung: 28. Juli 1928
Architekten: Jan Wils *(Rekonstr.: André van Stigt)*
Kapazität: 34 000 Zuschauer

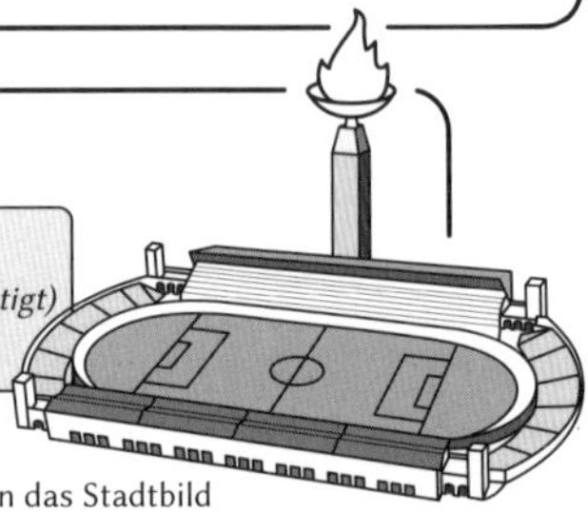

Das Hauptwerk von Jan Wils, einem wichtigen Vertreter der Amsterdamer Schule. Vorbildlich in das Stadtbild Amsterdams integriert. Bei den Spielen der Neuzeit wurde die olympische Flamme hier zum ersten Mal entzündet.

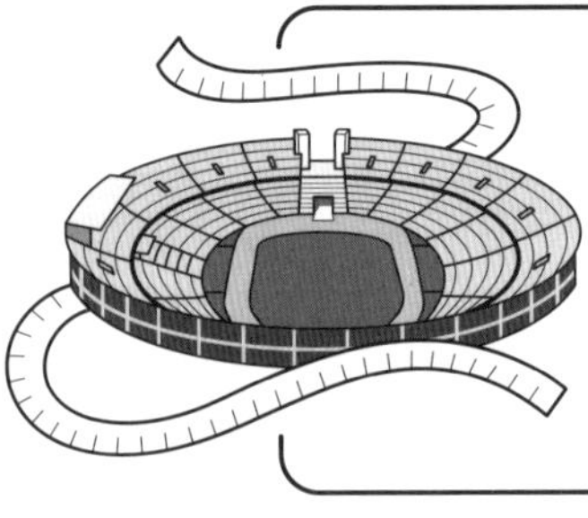

Berlin 1936

Eröffnung: 1. August 1936
Architekt: Werner March
Kapazität: 100 000 Zuschauer

Das erste von Hitlers Großbauprojekten. Zur Eröffnung das größte Stadion der Welt. Atmosphäre eines riesigen Amphitheaters.

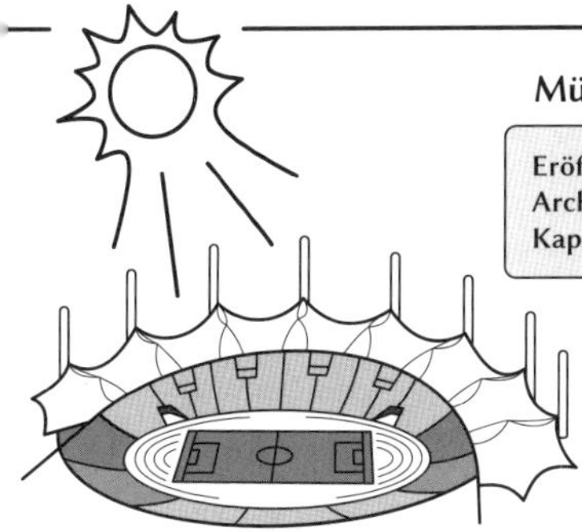

München 1972

Eröffnung: 26. Mai 1972
Architekten: Behnisch & Partner, Frei Otto
Kapazität: 69 250 Zuschauer

Eine optische und statische Sensation: die ikonische Zeltdachkonstruktion von Frei Otto. 74 800 m² lichtdurchlässiges Plexiglas überspannen den Olympiapark.

Peking 2008

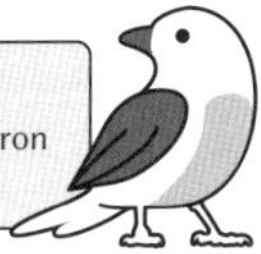

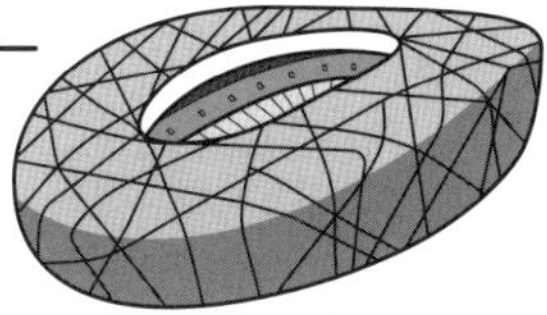

Eröffnung: 28. Juni 2008
Architekten: Herzog & de Meuron
Kapazität: 91 000 Zuschauer

Das Stadion wird von einem verschlungenen Stahlgerüst umrahmt, das 42 000 t wiegt. Freundliche Bezeichnung: Vogelnest. Der Entwurf entstand unter Mitwirkung des Künstlers Ai Wei Wei.

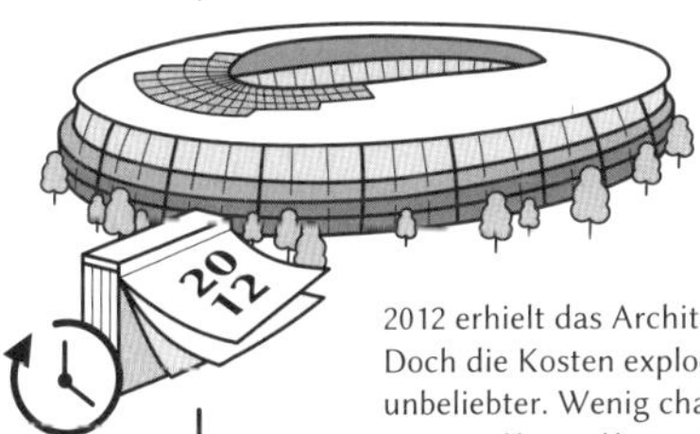

Tokio 2020

Eröffnung: 21. Dezember 2019
Architekt: Kengo Kuma
Kapazität: 68 000 Zuschauer

2012 erhielt das Architekturbüro Zaha Hadid den Zuschlag. Doch die Kosten explodierten und das Design wurde immer unbeliebter. Wenig charmanter Vergleich: Fahrradhelm. 2015 gewann Kengo Kuma den neuen Architekturwettbewerb.

Olympische Winterspiele

Von bescheidenen Spielen zu den ersten Großprojekten

In der Phase der Konsolidierung der olympischen Bewegung beschloss das IOC, die Sporttraditionen der Alpenländer und Skandinaviens unter das Dach des Olympismus zu holen. Mit Unterstützung der französischen Regierung wurde Chamonix-Mont Blanc als Veranstaltungsort für eine »Internationale Wintersportwoche« 1924 bestimmt. Ein Jahr später wurde die Veranstaltung vom IOC als die ersten Olympischen Winterspiele anerkannt. Zum Ort der ersten offiziell verkündeten Winterspiele 1928 wählte das IOC mit St. Moritz einen Kurort der mondänen Welt. Das Engadin war bereits touristisch vollkommen erschlossen; an der Finanzierung beteiligten sich der Kanton Graubünden und die Kommune. In die Schweizer Bergwelt wurden großzügige Wettkampfanlagen gebaut, eine Großschanze, der berühmte *Cresta Run* für die Skeleton-Rennen und eine Bobbahn. Olympia in den Alpen wurde zu einem sportlichen wie gesellschaftlichen Großereignis. Es wurde vom Schweizer Bundespräsidenten eröffnet und zog zahlreiche Athleten (900 aus 25 Nationen), Funktionäre (600) und

Journalisten (330) an. Gleich am ersten Tag trat ein meteorologisches Ereignis ein, das bei vielen Winterspielen später zu Problemen führen sollte. Ein unvorhergesehener Wetterumschwung brachte warme Luft in das Tal und ließ Eis und Schnee schmelzen.

Mit den Spielen von St. Moritz gelang es dem IOC auf Anhieb, die Winterolympiade fest zu etablieren. Mit der Wahl des nächsten Olympiaorts sollte dies nachhaltig demonstriert werden. Im Norden des Bundesstaats New York gelegen, plante Lake Placid, sich mit den Spielen 1932 zu einem Zentrum des Wintersports in den USA zu entwickeln. Doch die Weltwirtschaftskrise behinderte massiv die Organisation und die Teilnahme. In Garmisch-Partenkirchen 1936 zogen die Veranstalter alle Register. Sie übten sich in die Rolle eines unpolitischen Organisators ein, der friedliche Olympische Spiele veranstalten wollte. Das machte etliche Verrenkungen notwendig. So wurden die 1935 erlassenen Nürnberger Rassegesetze als unbedeutend verharmlost; kurz vor der Eröffnung wurden eiligst judenfeindliche Parolen entfernt; das Fußvolk musste positiv auf Olympia eingestimmt werden, nachdem sich wichtige NS-Organe zuvor abfällig über die olympische Bewegung geäußert hatten. Vier Wochen nach Ende der Spiele gab Hitler den Befehl zum Einmarsch bewaffneter deutscher Truppen ins Rheinland, das nach dem Friedensvertrag von Versailles eine neutrale entmilitarisierte Zone zwischen Deutschland und Frankreich darstellen sollte.

Für den Neuanfang nach dem Zweiten Weltkrieg wurde erneut St. Moritz gewählt. Den Organisatoren gelang 1948 eine erfolgreiche Veranstaltung mit Sportlern aus 28 Nationen. Sie trug wesentlich dazu bei, die Zukunft der Olympischen Spiele zu sichern. Die Sommerspiele von London im selben Jahr konnten auf diesen Erfolg aufbauen. Als Folge des Krieges und als Reaktion auf den Exzess der Nazi-Spiele wollte man zu einfacheren, bescheidenen Spielen zurückfinden. Dies gelang in Oslo 1952. Nach Meinung der Veranstalter lag der Ursprung des Nordischen Skisports in Norwegen. Das olympische Feuer wurde also nicht in Olympia, sondern in einer schlichten Hütte in der Provinz Telemark entzündet und mit einem Fackellauf nach Oslo gebracht, wo die olympische Flamme im Stadion am Holmenkollen entzündet wurde. In den Langlaufdisziplinen der Spiele von 1952 zeigte sich die Überlegenheit der Skandinavier – sie gewannen hier alle Medaillen.

In Cortina d'Ampezzo 1956 traten auf Beschluss des IOC die Athleten der BRD und der DDR als gemeinsame Mannschaft auf. Es gab in Italien erste Fernsehübertragungen von den Spielen. Italienische Großkonzerne, wie Fiat und Olivetti, unterstützten die Veranstaltung. Cortina erhielt, insbesondere durch die Berichterstattung in den Medien, das Image einer mondänen Skistation in den Dolomiten. Ganz anders der Austragungsort der Winterspiele von 1960. Squaw Valley, an der Grenze zwischen Kalifornien und Nevada gelegen, besaß bei seiner Nominierung 1955 noch keine Infrastruktur, schaffte es aber gerade noch rechtzeitig, moderne Anlagen und ein olympisches Dorf fertig zu stellen. Zum ersten Mal wurde ein Rechenzentrum (von der Firma IBM) für die Ergebnisberechnungen eingerichtet. Nach Entwürfen der Disney Studios im nahen Hollywood wurden monumentale Sportler-Skulpturen aus Schnee und Eis errichtet. Bei der Eröffnung trug Helmut Recknagel (DDR) die Fahne der gesamtdeutschen Mannschaft. Beim Wettkampf auf der Großschanze gewann er die Goldmedaille.

Bis 1960 waren die Winterspiele eher kleine Veranstaltungen. Mit Innsbruck 1964 begann eine Ära der Großprojekte.

Die Winterspiele wurden zu umfangreichen Vorhaben der Restrukturierung ganzer Regionen. Hinter der Veranstaltung von Innsbruck stand die politische Absicht, Österreich im Weltsport neu zu positionieren: als Wintersportregion und Hersteller von Skiausrüstungen. Zu den Spielen kamen 1100 Sportler und nicht weniger als 3000 Funktionäre. Für die Spiele wurden modernste Wettkampfanlagen errichtet. Die Kosten der Veranstaltung wurden weitgehend vom Staat getragen, der durch die teuren Bauvorhaben in finanzielle Schwierigkeiten geriet. Die Geschäftszahlen unterstützten das österreichische Projekt: In der Folge stieg der Tourismus um 60 %; die Skiausrüster konnten ihren Umsatz deutlich steigern.

In Sapporo 1972 wurden die Olympischen Winterspiele, wie in Innsbruck 1964 und Grenoble 1968, vom Staat für die Entwicklung einer Wintersportregion und den Ausbau einer Stadt finanziert. Mit der Vergabe nach Japan wurde ein neuer Absatzmarkt für die westliche Wintersportindustrie erschlossen. IOC-Präsident Brundage, der bei den Athleten auch kleinste Verstöße gegen den Amateurparagraphen bestrafte, erhob keine Einwände dagegen, dass sich die Winterspiele zu einem gigantischen Markt für Anlagen-, Straßen- und Immobilienbau entwickelten. Auf Hokkaido, der Nordinsel Japans, wurden sämtliche Wettkampfanlagen neu errichtet, dazu ein modernes Straßennetz und zwei Flughäfen gebaut.

Eine kraftvolle Reaktion auf die gewaltigen Kosten und die Umweltschäden, die Winterspiele verursachen, kam von der Bevölkerung der Stadt Denver, die für die Ausgabe von 1976 gewählt worden war. In einer Volksabstimmung entschied sich 1972 die Bevölkerung, die Spiele zurückzugeben. Umgehend erklärte sich Innsbruck bereit, für Denver einzuspringen. Wieder sollten es einfache Spiele werden. Die Chancen dafür waren diesmal deutlich besser als 1964 – die Anlagen und Infrastruktur waren schon gebaut und in der Zwischenzeit intensiv genutzt worden. In Tirol fieberte man einem Sieg des Nationalhelden Franz Klammer im Abfahrtsrennen gegen den Sieger von Sapporo, den Schweizer Bernhard Russi entgegen. Mit einem wilden Ritt gelang es dem österreichischen Kraftpaket, Russi den schon fast sicher geglaubten Sieg zu entreißen. Im Skispringen von der Großschanze gab es einen Doppelsieg für die Österreicher Karl Schnabl und den siebzehnjährigen Toni Innauer. In Lake Placid vier Jahre später gewann Innauer souverän Gold. Nach Beendigung seiner Karriere wurde er erfolgreicher Trainer der österreichischen »Adler«.

1984 fanden die Winterspiele in Sarajevo, im damaligen Jugoslawien, statt – acht Jahre später tobte um diese Stadt der Bosnienkrieg und verwüstete unter anderem die Olympia-Anlagen. Während der Spiele hatte sich die Bevölkerung mit Begeisterung für ihre Heimat engagiert. Die Stadt war gründlich modernisiert worden, man hoffte auf einen zukünftigen Tourismusboom. Aus der Sicht der Beobachter war den Spielen ein großer Erfolg beschert. Ihr Höhepunkt war der Eiskunstlauf: Bei den Damen gewann Katarina Witt mit einer Kür, bei der ihr drei Dreifachsprünge perfekt gelangen. Im Eistanz zeigte das britische Paar Jayne Torvill und Christopher Dean eine Kür, die das Publikum zu Beifallsstürmen hinriss. Sie erhielten, was noch nie zuvor geschehen war, von allen Punktrichtern die Höchstnote 6.0.

Bei den Spielen von Calgary 1988 zeigte sich, welche dominante Rolle inzwischen das Fernsehen für die Organisation der Veranstaltung spielte. Die US-amerikanische Fernsehgesellschaft ABC hatte die weltweiten Übertragungsrechte für einen deutlich höheren Preis (über 300 Millionen US-Dollar) als bei den Spielen zuvor erworben und verlangte im Gegenzug, dass die Wettkämpfe von zwölf auf sechzehn Tage ausgeweitet wurden. Als aufgrund des warmen Wetters und der unberechenbaren Winde Verschiebungen der Wettkämpfe erforderlich wurden, forderte der Sender erhebliche Regressgelder für die Verlegung des Abfahrtslaufs der Herren in eine für die Werbung ungünstige Tageszeit. Olympia nahm durch die Beteiligung des Fernsehens zwar deutlich mehr Geld ein als früher. Aber nun musste sich der olympische Sport in das Programmschema und die Werbestrategie des Senders einpassen.

Nach der stimmungsarmen Veranstaltung in Albertville 1992 sah man in den Spielen im norwegischen Lillehammer 1994 eine Chance, den Olympismus wieder mit Begeisterung zu erfüllen. Norwegen ist nicht nur eine große Wintersportnation – es ist ein Musterbeispiel für nachhaltige Lebensweisen. Das Organisationskomitee von Lillehammer war entschlossen, den Spielen ihr menschliches Gesicht zurückzugeben. Es sollten kleine Spiele werden – das IOC hatte allerdings die Zahl der Wettkämpfe ausgeweitet. Zum ersten Mal in der Geschichte der Winterspiele wurden die Sportanlagen nach ökologischen Grundsätzen gebaut und der Landschaft angepasst. Das Fernsehen erhob auch hier seine Ansprüche, um eine möglichst große Nähe der Bilder zum Geschehen herzustellen, mit neuen Aufnahmepositionen und mitlaufenden Kameras, die die alpinen und nordischen Wettbewerbe mit größter Dichte und Dramatik wiedergaben. Die Kameraführung durch den Wald, der die Pisten umgab, machte Eingriffe in die Umwelt notwendig.

Kurz vor der Eröffnung der Spiele von Lillehammer hatte die Armee der bosnischen Serben den Marktplatz von Sarajevo beschossen und 68 Menschen getötet. Von einem olympischen Frieden konnte, wie in Vietnam 1968 und in Afghanistan 1980, nicht die Rede sein. Während der Spiele brach IOC-Präsident Samaranch zu einem Kurzbesuch in das zerstörte Sarajevo auf, um den olympischen Friedenswillen auszudrücken, aber es blieb bei einem leeren Akt. Eindrucksvoller war die Geste des dreifachen Goldmedaillengewinners im Eisschnelllauf Johann Olav Koss aus Norwegen. Er spendete einen nennenswerten Betrag von seinen Siegprämien für ein Hilfsprogramm zugunsten der Menschen in der zerstörten Stadt.

Von den atmosphärisch dichten Ereignissen in Lillehammer wurde ein großes Publikum angezogen, täglich an die Hunderttausend Zuschauer. Für den Transport hatten die Veranstalter ökologische Lösungen entwickelt. Den Olympiaort konnte man ausschließlich mit öffentlichen Verkehrsmitteln erreichen, die mit hoher Frequenz von Oslo aus verkehrten. Diese in vielerlei Hinsicht vorbildlichen Spiele hinterließen ein Defizit von 1,5 Milliarden Euro, die auch nicht durch Einnahmen aus dem Tourismus ausgeglichen werden konnten.

Lillehammer blieb ein kurzer Moment der Hoffnung, dass in die Olympischen Winterspiele wieder Vernunft einziehen könne. Es trat eher das Gegenteil ein: Seitdem die Winterspiele ab 1994 ein eigenes olympisches Jahr zwischen den Sommerspielen erhalten hatten, wurden sie stärker wahrgenommen. Die Spiele von Nagano 1998 und Salt Lake City 2002 waren neue Höchstmarken des olympischen Marketings. Am Beispiel Naganos erkennt man die typische Funktionsstruktur der Winterspiele im Zeitalter globaler TV-Vermarktung. Hinter der Veranstaltung steht eine mächtige und reiche Persönlichkeit oder Firma, die sich Einfluss auf den nationalen Sport verschafft hat. Ihr gehört im Olympiaort ein beträchtlicher

Besitz; die Sportstätten, die Infrastruktur und die Verkehrswege werden mit Staatsgeldern gebaut; der Verkauf der Medienrechte generiert Einnahmen in Milliardenhöhe; der Unterhalt und die (meistens nicht stattfindende) Nachnutzung der unprofitablen Sportstätten (Bob- und Schlittenbahn, Eisschnelllaufhalle) bleibt der Kommune überlassen. In Nagano war der mächtige Mann der Präsident des japanischen Skiverbandes Yoshiaki Tsutsumi, ein Milliardär, dem große Teile des Olympiageländes gehörten. In Turin war es die Familie Agnelli, die Eigentümer von Fiat, in der Mormonenstadt Salt Lake City war es eine Gruppe von Geschäftsleuten; die Spiele von Sotschi wurden vom russischen Präsidenten Wladimir Putin angeordnet; hinter Pyeongchang stand die für Südkorea typische Verbindung von Großunternehmen und Staat. Das IOC verschloss nicht die Augen vor diesen Konstellationen – eine Reihe seiner Mitglieder zog daraus persönliche Vorteile. Diese Erkenntnis traf die US-amerikanische Öffentlichkeit vor den Spielen von Salt Lake City von 2002 wie ein Schlag, wie Thomas Kistner und Jens Weinreich in ihrem Buch *Der olympische Sumpf* berichten.

Sotschi – der allmächtige Staat und seine Dopingpraktiken

Wie wenig die Maßnahmen, die nach dem Skandal von Salt Lake City beschlossen wurden, den Einfluss politischer Machthaber eindämmen konnten, zeigte die Vergabe der Olympischen Winterspiele nach Sotschi. Die Wahl eines Badeorts an der russischen Riviera als Schauplatz der Winterspiele 2014 rief allseits Verwunderung hervor. Als Begründung wurde

Gekaufte Stimmen: Korruption bei der Vergabe der Olympischen Winterspiele

Im Dezember 1998 wurde durch einen lokalen Fernsehsender bekannt, dass bei der Wahl von Salt Lake City eine Reihe von Stimmen der Olympier von der Bewerberstadt gekauft wurden. Die für die Korruption nötigen Gelder wurden aus einem versteckten Fonds des Organisationskomitees abgezweigt. Sie dienten dazu, spezielle Wünsche von IOC-Mitgliedern zu befriedigen, die dafür ihre Stimme versprachen – teure Flugreisen, Familienbesuche zu Winterferien, Studienplätze und Stipendien für die Kinder, Operationen für Schwiegermutter und Ehefrau, beträchtliche Summen Bargeld.

In den USA drohten Politiker, den neun US-amerikanischen Top-Sponsoren des IOC (von elf insgesamt) die Steuervergünstigungen zu entziehen. Samaranch berief umgehend eine Krisensitzung im Hauptquartier des IOC in Lausanne ein. Vier Mitglieder des IOC traten aus freien Stücken zurück. Sechs Mitglieder wurden ausgeschlossen, zehn erhielten eine Verwarnung. 50 Regeländerungen wurden beschlossen, die Gründung einer Ethikkommission sollte die Entschlossenheit der IOC-Spitze zeigen, Ordnung im eigenen Haus zu schaffen. Die Vorfälle um die Bewerbung von Salt Lake City wurden als Ausnahmen abgetan: sie seien keine Korruption, sondern ein (strafrechtlich nicht zu greifendes) »unethisches Verhalten«.

Eile war tatsächlich geboten. Im April 1999 fand ein Hearing vor einem US-Senatsausschuss statt. Die Beschlüsse von Lausanne reichten diesem für eine Aufklärung der Korruption nicht aus; die Senatoren verlangten eine Befragung des IOC-Präsidenten. Samaranch hatte jedoch schon vorgebaut: Es war ihm gelungen, Henry Kissinger für die Reformkommission »IOC 2000« zu gewinnen. Der ehemalige Außenminister regelte die Dinge in Washington. Der Geschäftsführer des Organisationskomitees von Salt Lake City, Mitt Romney, versprach vollkommene Transparenz. Mit dem Ergebnis, dass man die Unterlagen des Skandals später nicht mehr fand. In Nagano war ein ähnliches Missgeschick passiert – die Akten waren verbrannt worden. Im Dezember 1999 verkündete Samaranch das Ende der Krise. (Darstellung nach Thomas Kistner und Jens Weinreich.)

Die Enthüllungen um Salt Lake City sind nur deswegen zu einem Skandal geworden, weil die Medien ihn aufgedeckt, das IOC der Korruption beschuldigt und damit die Aufmerksamkeit des US-Senats geweckt hatten. An diesem Fall sah man, was die Unternehmenskultur des IOC wirklich in Gefahr bringen kann: der Entzug von Steuerprivilegien der Sponsoren und die negativen Wirkungen auf die US-amerikanischen Fernsehzuschauer. Korruption bei der Kür der Olympiastadt gab es schon vor Salt Lake City: bei den Wahlen für Barcelona, Albertville, Sidney, Turin und Nagano. Und später bei den Entscheidungen für Rio und Pyeongchang, vermutlich auch für Sotschi. Der Handel Stimme gegen Geld war für viele Olympier offensichtlich etablierte Praxis. Die Nachfolger Samaranchs, Jacques Rogge und Thomas Bach, entwickelten die Agenda 2020, die die Bewerbungs- und die Wahlprozedur neu ordnen soll, den Kreis der Jury drastisch einschränkt und den Bewerberstädten Beratung und finanzielle Mittel in Aussicht stellt.

angeführt, Russland habe nach dem Zerfall der Sowjetunion auf seinem Territorium keine Skigebiete mehr. Ausschlaggebend war, dass Präsident Putin, Besitzer einer Sommerresidenz dortselbst, das ganze Gewicht der neuen Weltmacht Russland in die Waagschale warf und für die Organisation sehr viel Geld in Aussicht stellte. Für die beteiligten Firmen öffnete sich ein wahres Füllhorn: Es gab Aufträge für Baufirmen, Projektentwickler, Straßen- und Pistenbauer, Banken, die die Finanzierung regeln sollten – viele von ihnen wurden an den engsten Oligarchen-Kreis um Putin vergeben. Man begann, für den Anlagen- und Pistenbau Bäume abzuholzen und Menschen zwangsweise umzusiedeln, um in der Stadt Platz für die Sportbauten zu schaffen. In die bis dahin unberührten Berge wurden Pisten gehobelt. Österreichische Firmen mit besonderer Expertise für den Bau von Skistationen und schwerem Spezialgerät erhielten von Anfang an lukrative Aufträge, insgesamt im Wert von anderthalb Milliarden Euro. Das österreichische NOK hatte wesentlich zum Abstimmungserfolg von Sotschi beigetragen. Nach offiziellen Angaben betrugen die Kosten für die Spiele in Sotschi insgesamt rund 50 Milliarden US-Dollar, mehr als alle bisherigen Winterspiele zusammen.

Vor den Spielen wurden in Russland Gesetze erlassen, die Züge einer Diskriminierung von Homosexuellen hatten. Sie veranlassten den Generalsekretär der UNO zu einem Besuch in Russland, hatten aber von Seiten des IOC keine Reaktion zur Folge. Vielmehr wirkte es darauf hin, dass von den Athleten keine politischen Aussagen öffentlich vorgebracht wurden. Kleidung und Make-up wurden minutiöser Kontrolle unterzogen, um verdeckte politische Botschaften zu unterbinden. Wer mit einer verdächtigen Fahne, etwa mit dem Regenbogen-

Doping auf Russisch

Im Dezember 2014 enthüllte der ARD-Doping-Experte Hajo Seppelt in einem Fernsehbericht das organisierte Dopingsystem Russlands. Seine Zeugin war die Läuferin Julia Stepanowa. In einem Interview mit der *New York Times* bestätigte der inzwischen in die USA geflohene ehemalige Leiter des russischen Dopinglabors, Grigorij Rodtschenkow, im Mai 2016 diese Aussage. Darin berichtete er auch über das Vorgehen während der Spiele von Sotschi: Durch ein Loch in der Wand des dort akkreditieren Labors seien nachts positive Dopingproben russischer Sportler und Sportlerinnen in einen Nebenraum gereicht worden. Dort hätte er zusammen mit Mitarbeitern der russischen Antidoping-Agentur und Agenten des Geheimdienstes die positiven Proben geöffnet und ihren Inhalt gegen sauberen Urin ausgetauscht. Durch einen Trick sei die Manipulation der versiegelten Proben unkenntlich gemacht worden. Auf diese Weise seien die positiven Proben von 15 Medaillengewinnern, darunter fünf Olympiasieger, verändert worden.

Der mit der Aufklärung der Vorwürfe betraute kanadische Richter Richard McLaren stellte in seinem Report (Juli 2016) fest: Zwischen 2011 und 2015 habe Russland ein Doping-System betrieben, das durch das Sportministerium unter dem Minister Witali Mutko organisiert worden sei. Daraus könne man auf eine staatliche Mitwirkung schließen. Im Moskauer Antidoping-Labor seien insgesamt viele positive Proben verschwunden. Die Vorfälle in Sotschi konnten bestätigt werden. Daraufhin schloss der Internationale Leichtathletik-Verband die russische Delegation von den Olympischen Spielen in Rio 2016 aus – eine Entscheidung, die vom Internationalen Sportgerichtshof CAS

bestätigt wurde. Zu einer solch klaren Haltung konnte sich das IOC nicht durchringen: Es überließ den internationalen Fachverbänden das Urteil über ihre Athleten in Form von Einzelfallentscheidungen. Das Ergebnis: 111 Sportler wurden verbannt. 278 Athleten wurden zugelassen; sie durften in Rio unter russischer Flagge antreten. Im Gegensatz zu dieser diffusen Situation entschied der Behindertensport-Verband den Total-Ausschluss der russischen Athleten von den Paralympics in Rio.
Im Dezember 2016 erschien der zweite McLaren-Bericht. Er bezog die Olympischen Sommerspiele in London 2012 ein. Seine Ergebnisse bekräftigten die Aussagen des ersten Berichts: Mehr als eintausend russische Athleten hätten in dreißig Sportarten gedopt oder von der Doping-Verschleierung profitiert. Die russische Seite versuchte durch Umformulierung die Vorwürfe abzumildern. Aber die Bemühung war vergeblich, nachdem die Welt-Anti-Doping-Agentur (WADA) im November 2017 in den Besitz einer Datensammlung aller Dopingtests der russi-

Emblem, erwischt wurde, musste mit einer Bestrafung rechnen. In seiner Dankesrede, die er als neuer IOC-Präsident am Schluss der Veranstaltung hielt, sprach Thomas Bach von der »Message einer Gesellschaft von Frieden, Toleranz und Respekt«, die die Spiele in die Welt geschickt hätten. Vier Tage später drangen prorussische Milizen auf die Krim vor.

Haben die Spiele von Sotschi wenigstens zur Verständigung zwischen den russischen Gastgebern und den Athleten aus aller Welt beigetragen? Diese Frage war am Ende der Spiele nicht zu beantworten; man konnte noch nicht wissen, ob sie fair abgehalten wurden. Erst später kam heraus, dass sich die Gastgeber eine komfortable Möglichkeit verschafft hatten,

schen Antidoping-Agentur zwischen Januar 2012 und August 2015 gelangt war. Das Ergebnis der Auswertung (November 2017) führte dazu, dass eine Reihe weiterer Medaillen der Olympischen Spiele und Weltmeisterschaften nachträglich aberkannt wurden. Russland verlor den ersten Platz in der Nationenwertung der Spiele von Sotschi. Das Nationale Olympische Komitee Russlands wurde von den Spielen in Pyeongchang ausgeschlossen. Seine Sportler durften, soweit sie nachweislich nicht gedopt hatten, nur unter neutraler Flagge teilnehmen. Vom IOC ausgeschlossen wurde jedoch auch diejenige, die den Skandal publik gemacht hatte, die Whistleblowerin Julia Stepanowa: Sie wurde wegen »ethischer Unreife« für Rio 2016 gesperrt. Auch für die Spiele in Tokio ist der Ausschluss des Olympischen Komitees Russlands gefordert worden, nachdem die russische Antidoping-Agentur zu ihrer Entlastung der WADA eine Liste mit offenbar gefälschten Daten vorgelegt hatte. Die letzte Entscheidung darüber hat der Internationale Sportgerichtshof (CAS).

ihre Gäste zu betrügen. Der entscheidende Akteur war das russische Antidoping-Labor. Das Vorgehen war denkbar einfach: Positive Urinproben von russischen Athleten wurden durch sauberen Urin ersetzt.

Pyeongchang – Große Erwartung, kleines Ergebnis

Für Pyeongchang als Austragungsort der Olympischen Winterspiele 2018 sprach von vornherein nicht viel. Die Eignung für alpine und nordische Skiwettkämpfe besaß er nach Meinung der Fachleute nicht. Vermutlich fiel die Wahl auf ihn, weil das

IOC sich vom Standort eine Ausstrahlung nach China und von der südkoreanischen Privatwirtschaft massive finanzielle Unterstützung und beste Beziehungen zum Staat versprach.

Der Grund, sich an diese Winterspiele zu erinnern, ist die Vermittlerrolle, die dem IOC zufiel. Im Vorfeld der Spiele hatte der unberechenbare junge Machthaber Nordkoreas Kim Jong-un die angespannte Situation auf der koreanischen Halbinsel zu einer explosiven Lage aufgeheizt – mit Langstreckenraketen, die auf das amerikanische Festland zielten, und mit Atomwaffentests. In dieser Situation lancierte er plötzlich den Vorschlag, die Olympischen Spiele in *beiden* Teilen Koreas stattfinden zu lassen und eine gemeinsame Olympiamannschaft zu bilden.

Es war völlig unklar, was von dieser Offerte zu halten war. Thomas Bach tat sie nicht gleich als Propaganda ab; er sondierte die Chance für das IOC, die Rolle eines möglichen Friedensstifters zu spielen. Auf jeden Fall entspannte sich die politische Lage unmittelbar vor den Spielen, nachdem Bach das Gesprächsangebot angenommen hatte. Wettkämpfe nach Nordkorea zu verlagern, kam bei dem Stand der Vorbereitungen nicht in Frage. Es war jedoch möglich, nordkoreanische Athleten in das Team Südkoreas einzuladen und mit ihnen eine gemeinsame Mannschaft zu bilden. Allerdings war der Vorschlag von Kim Jong-un nicht neu. Einen gleichen Vorstoß hatte bereits sein Großvater Kim Il-Sung 1988 unternommen. Damals waren das IOC und Südkorea zögerlich darauf eingegangen und hatten angeboten, nordkoreanische Athleten in südkoreanische Olympiamannschaften aufzunehmen. Das war dem Machthaber im Norden nicht genug; er verlangte, dass einige Wettkämpfe in Nordkorea stattfinden sollten. Frustriert zog er sein Angebot zurück, als dieses abgelehnt wurde, und boykottierte die Spiele von Seoul.

Sein Enkel war 2018 mit weniger zufrieden, mit der Beteiligung einiger nordkoreanischer Sportlerinnen an einer gesamtkoreanischen Frauen-Eishockeymannschaft. Es ging ihm offensichtlich um etwas anderes als seinem Vorfahren: Über sein Angebot kam Kim Jong-un in unmittelbaren Kontakt mit dem amerikanischen Präsidenten. Donald Trump bot ihm direkte Gespräche über nukleare Abrüstung an. Damit war das Feld des Sports verlassen – die hohe Politik übernahm die Diskussion. Was bei den Spielen geschah, wurde zur Nebensache: Kim Jong-un schickte einige Eishockeyspielerinnen und eine weibliche Brigade, die die Mannschaft anfeuerte. Bei der Eröffnungszeremonie wurde eine Vereinigungsfahne (die koreanische Halbinsel in Blau auf weißem Grund) von zwei Athleten, einer aus dem Norden, der andere aus dem Süden, ins Stadion getragen. Die gleiche Zeremonie hatte es bei den Sommerspielen 2000 und 2004 sowie bei den Winterspielen 2006 gegeben, als ebenfalls gesamtkoreanische Olympiamannschaften zustande gekommen waren.

Die Geschichte von Pyeongchang ist ein Beispiel dafür, dass es der Politik, wenn sie sich in Olympische Spiele einmischt, ausschließlich um *reale* Macht und nicht nur um Symbole geht. Mit der Aufnahme der Offerte von Kim Jong-un hat Thomas Bach das IOC geschickt im Spiel gehalten und sich selbst als Vermittler angeboten. Aber als es ernst wurde, spielte es keine Rolle mehr. Es begann ein Dialog des jungen Diktators in Nordkorea mit dem neuen Präsidenten der USA, zunächst gespielt freundschaftlich, dann immer feindseliger.

Frauen bei den Olympischen Spielen

Nach Meinung Coubertins sollten Frauen an den Olympischen Spielen nicht teilnehmen. An den Spielen in Paris 1900 beteiligten sich dennoch siebzehn junge Frauen an Wettbewerben in Golf, Tennis, Dressurreiten und Ballonfahren. Stockholm 1912 brachte den Durchbruch zu offiziellen olympischen Frauenwettbewerben mit Beteiligten aus elf Nationen. Nach dem Ersten Weltkrieg änderte sich die Rolle der Frau in der Gesellschaft zwar beträchtlich, aber das IOC war nicht bereit, seine restriktive Politik gegenüber Frauen zu lockern.

Heute lesen sich die Brandschriften der Ärzte, hinter denen sich das IOC versteckte, wie Karikaturen. Der wirkliche Grund für den Widerstand der Olympier gegen die Beteiligung von Frauen war offensichtlich, dass die Männer im IOC schlichtweg keine Frauen im Sport haben wollten. Sport war für sie eine zutiefst männliche Angelegenheit. Es genügt, sich ihre Herkunft sowie ihre soziale und ideologische Umgebung anzusehen: Im IOC dominierte der Adel und das Militär. Coubertins Projekt beruhte ursprünglich auf der Absicht, nach der Kriegsniederlage gegen Preußen 1870/71 die französische Wehrkraft wiederherzustellen. Dies sollte durch eine sportlich geprägte Erziehung der Jungen nach englischem Vorbild (das jedoch keinen militärischen Zwecken diente) geschehen. Mit den Olympischen Spielen hoffte er, die französische Schulpolitik und die Öffentlichkeit für dieses Projekt zu gewinnen. Später entfernte sich Coubertin von der militärischen Deutung des Sports und stellte den Wettkampfgedanken in den Vordergrund. Was die unterschiedlichen Bereiche von Militär, Jungenerziehung, Turnen und olympischem Sport miteinander verband, war die Vorstellung einer Bruderschaft. Die Kultur der Sportfreundschaft, die Sportvereine und -verbände lange prägte (und die man dort noch heute findet), ist in einem männlichen Habitus fundiert.

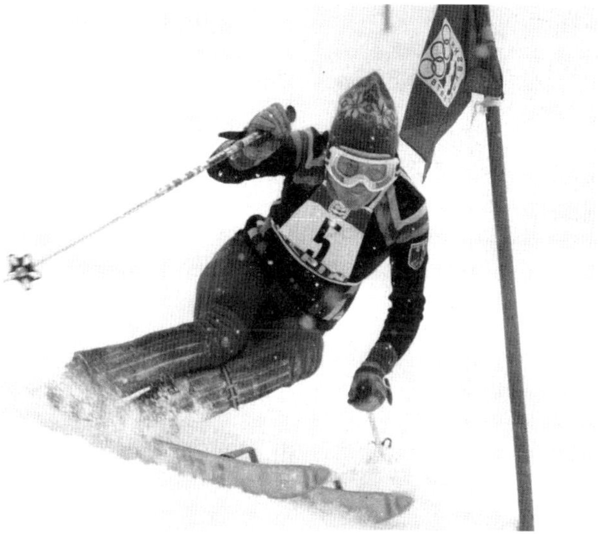

Rosi Mittermaier (BRD) in Aktion: Bei den Winterspielen 1976 in Innsbruck holt sie zweifach Gold, in der Abfahrt und im Slalom.

Nach dem Ersten Weltkrieg war die konservative Sportauffassung im IOC nicht verschwunden. Als Reaktion auf diese begannen beherzte Frauen, ihre eigenen Olympischen Spiele 1921, 1922 und 1923 in Monte Carlo zu organisieren. Mit der Gründung der Fédération Sportive Féminine Internationale (FSFI), die ihre Wettkämpfe im Vierjahresrhythmus von 1922 bis 1934 abhielt, kämpfte die Initiatorin Alice Milliat um Aufnahme in das IOC. Tatsächlich wurden einige leichtathletische Disziplinen in das Programm von Amsterdam 1928 aufgenommen. Der Frauenanteil an der Gesamtzahl der Teilnehmer betrug dort 10 %.

Nach dem Zweiten Weltkrieg ergab sich eine vollkommen neue Situation; sie veränderte die Bedeutung der weiblichen Beteiligung bei den Olympischen Spielen grundlegend: An den Spielen in Helsinki 1952 beteiligte sich die Sowjetunion mit leistungsstarken Sportlerinnen. Der Kalte Krieg hatte begonnen; die Erfolge bei den Olympischen Spielen wurden von nun an als Zeichen der Überlegenheit des eigenen politischen Systems gedeutet.

In den sozialistischen Ländern war aus der Ablehnung der bürgerlichen Lebensverhältnisse, insbesondere des Frauenbildes, eine selbständige gesellschaftliche Rolle der Frau gebildet worden. Das hieß nicht, dass die Sportlerinnen frei von Gängelung waren. Es bedeutete aber, dass eine Leistungssportlerin nicht auf die Vorurteile und Hindernisse traf, die ihr in den westlichen Ländern in den Weg gelegt wurden. Die Konkurrenz der politischen Systeme mit ihren divergierenden Frauenrollen hatte zur Folge, dass der Frauensport auch im Westen ein stärkeres Gewicht erhielt. Er veränderte hier zwar nicht das Frauenbild, unterstützte aber das Streben der Athletinnen nach Medaillen. Seit den 1960er Jahren dominierten die sozialistischen Länder in der Medaillenbilanz der Frauen.

Unter dem Einfluss der Ostblockländer nahm die Zahl der Wettkämpfe bei Olympia kontinuierlich zu, insbesondere im Schwimmen und Turnen. In Tokio 1964 kam als erste Mannschaftssportart für Frauen Volleyball hinzu. In Montreal 1976 wurde der Katalog der Sportarten mit der Aufnahme von Handball, Basketball und Rudern für Frauen grundlegend erweitert. In dieser Öffnung kann man eine Folge der Frauenemanzipation in den westlichen Ländern sehen. Mit Beginn der 1970er Jahre hatte hier das weibliche Sportinteresse deutlich zugenommen. Athletinnen mit durchtrainierten Körpern in knapper Sportkleidung wurden zu Modellen eines gewandelten Schönheitsideals. Die TV-Übertragungen von

Sportlerinnen bei den Olympischen Sommerspielen

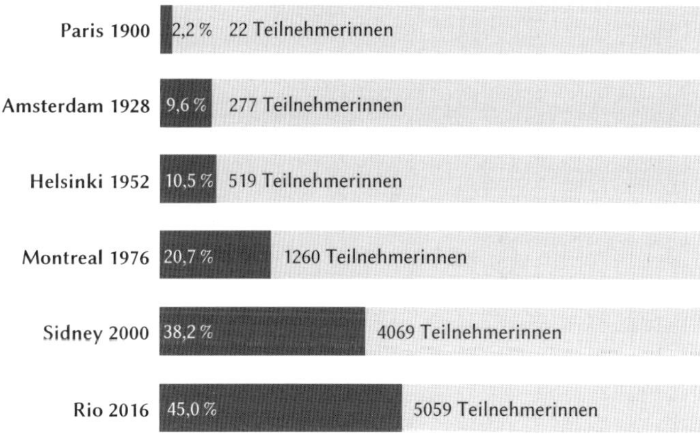

Quelle: IOC

Olympia und Transgender

In den letzten Jahrzehnten hat, wie die Entwicklung der weiblichen Teilnahme zeigt, die olympische Bewegung die Frauenemanzipation im Sport aktiv gefördert. Was aber beibehalten wurde, ist die fundamentale Grenzziehung zwischen Männern und Frauen: Die Teilnehmer werden als entweder weiblich oder männlich klassifiziert. Auf der Grunddifferenz männlich – weiblich beruhen alle Leistungsdifferenzierungen des olympischen Sports. In den meisten olympischen Disziplinen wirkt sich die unterschiedliche biologische Ausstattung männlicher und weiblicher Körper in teilweise beträchtlichen Leistungsdifferenzen aus. Das Gefühl der Aktiven, einem bestimmten Geschlecht zuzugehören, ob sie sich männlich oder weiblich fühlen, handeln, denken, begehren, wünschen etc., spielt für die Zuordnung der erbrachten Leistung zum männlichen oder weiblichen Geschlecht keine Rolle. Nachdem die Geschlechtszugehörigkeit im Sport erstmals problematisiert worden ist (1967 mit der polnischen Sprinterin Ewa Kłobukowska), wurde über diese mit einer rein biologischen Definition entschieden. An die Rechte der Transgender dachte damals noch niemand. Inzwischen sind sie in Deutschland als reguläres drittes Geschlecht anerkannt. Ob dieses bei Olympischen Spielen berücksichtigt werden soll und wie das zu geschehen hätte, ist eine bisher offene Frage. Wie der Fall der südafrikanischen Läuferin Caster Semenya zeigt, werfen alle bisherigen Lösungsversuche beträchtliche Probleme auf.

den Olympischen Spielen vermittelten nicht nur Spannung, sondern zeigten auch Ästhetik und Erotik. In Los Angeles 1984 wurden Synchronschwimmen und Rhythmische Sportgymnastik eingeführt; 1988 folgte das Frauentennis. Den Erfolg dieses Programms kann man beispielsweise an der wachsenden Zahl von Fernsehzuschauerinnen bei den Spielen ablesen.

In den 1980er Jahren wurde Sport zu einem wichtigen Teilbereich der Mode und des weiblichen Lebensstils. Hautenge Sportkleidung und bauchfreie Trikots wurden aus den Sportstadien in die Alltagskleidung von Mädchen und jungen Frauen übernommen. Für eine wachsende Zahl Frauen wurde sportliche Aktivität zu einem Element ihres Lebensstils. An der Herausbildung eines neuen Leitbildes wirkten die Olympischen Spiele wesentlich mit, beispielsweise durch die Einführung von Frauenwettbewerben im Marathonlauf, in Radsport- und Schießwettbewerben bei den Spielen von Los Angeles 1984 sowie durch die Aufnahme der Kampfsportarten Judo (1992), Taekwondo (2000) und Ringen (2004). 1996 wurden Frauen-Fußball und Softball olympisch. In Sidney 2000 kamen mit dem Gewichtheben, dem Modernen Fünfkampf und Triathlon weitere ursprünglich männlich konnotierte Sportarten hinzu. Mit der Aufnahme des Boxens für Frauen bei den Spielen in London 2012 waren zum ersten Mal die Frauen in allen Sportarten des olympischen Programms repräsentiert. Mit der deutlichen Ausweitung der Disziplinen für Frauen nahm ihr Anteil an den Teilnehmern kontinuierlich zu: Für Tokio 2020 ist ein Frauenanteil von 48,8 % vorgesehen.

Einnahmen des IOC: Übertragungsrechte und Sponsorengelder

Nachdem Juan Antonio Samaranch 1980 in Moskau zum Präsidenten des IOC gewählt worden war, konzentrierte er sich darauf, die Einnahmen des Komitees in seinem Sinne neu zu ordnen. In Los Angeles zeigte der Organisator Peter Ueberroth, wie man mit den Olympischen Spielen trotz eines geringen Budgets viel Geld generieren konnte. Die Quellen, die reichlich sprudeln sollten, waren die Fernseh-Übertragungsrechte und das Sponsoring. Von nun an nahm eine eigens gebildete Kommission des IOC die Verhandlungen mit interessierten Fernsehanstalten in die Hand. Das Ergebnis waren zunächst deutlich erhöhte Einnahmen aus dem Verkauf der Rechte, die sich später zu einem mächtigen Strom entwickeln sollten. Beim Sponsoring setzte Samaranch ein von Horst Dassler, dem einflussreichen Chef des Weltkonzerns Adidas, in den 1970er Jahren entwickeltes Konzept in die Tat um: Ein kleiner Kreis hochpotenter Firmen, jede führend in ihrem Geschäftsfeld, wurde für ein exklusives Sponsoring ausgewählt, sodass sie im Kreis der sogenannten Top-Sponsoren keinen Konkurrenten antreffen. In der Gruppe der unterstützenden Firmen gibt es Unternehmen, die gleichsam zum olympischen Grundbestand gehören, wie Coca Cola, und jüngere Firmen mit Weltgeltung, wie Samsung. Außerdem wurden gegen Lizenzzahlungen Marketingrechte verkauft. Im Zeitraum von 2013 bis 2016 verteilten sich die Einnahmen wie folgt:

Einkünfte des IOC 2013–2016

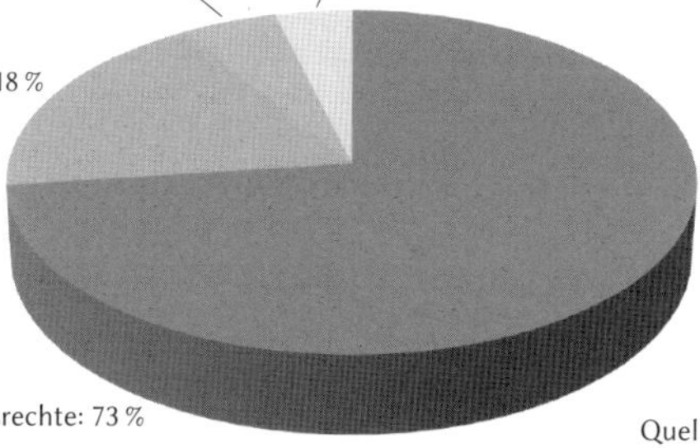

Quelle: IOC

Aus dem Verkauf von Übertragungsrechten sowie an Sponsorengeldern und Marketingrechten wurden 5,16 Milliarden US-Dollar erzielt. Nach eigenen Angaben verteilt das IOC 90 % seiner Einnahmen als Zuschüsse für das Organisationskomitee der jeweiligen Olympischen Spiele; es unterstützt Projekte, Programme, Sportorganisationen und -verbände, gibt Hilfen für die Sportentwicklung und die »Olympic Solidarity«, ein Programm zur Förderung der olympischen Idee und der individuellen Unterstützung von Athleten und Trainern. 10 % der Einnahmen bleiben beim IOC für Sportförderung und eigene Vorhaben. Im Zeitraum von 2017–2020 wendete das IOC die Summe von 509 Millionen US-Dollar für »Olympic Solidarity« auf. Wie sich diese Summe aufschlüsselt, war nicht in Erfahrung zu bringen.

Der mit Abstand größte Anteil des Budgets des IOC wird durch den Verkauf der TV-Übertragungsrechte erzielt. Auch hier hat sich das IOC modernisiert: Die Übertragungsrechte werden für das Fernsehen und seit einiger Zeit für alle digitalen Übertragungsmedien verhandelt, also beispielsweise für Streaming-Portale und Übertragungen auf Mobiltelefone. Die sprunghafte Zunahme der Einnahmen aus den Verkäufen der Übertragungsrechte seit 1960 zeigt das untenstehende Diagramm an.

Man sieht an der Entwicklung der Einnahmen, welche rasante Wertsteigerung die Bilder von den Olympischen Spielen erfahren haben. Einer der Gründe ist die zunehmende Perfektion der Aufnahme- und Schnitttechnik. Noch wichtiger ist

Einnahmen aus dem Verkauf der Übertragungsrechte

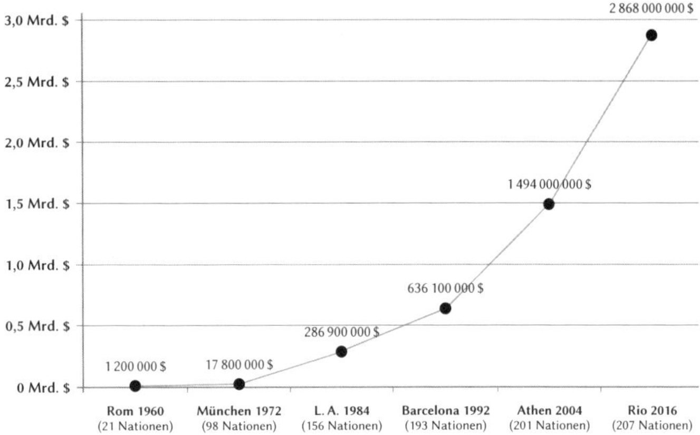

Quelle: IOC

die Live-Übertragung der Ereignisse. 1960 konnte man aus Rom nur in den europäischen Ländern Live-Bilder von den Ereignissen sehen. Von Tokio 1964 gab es die ersten Satelliten-Übertragungen. Die Wettkämpfe von Mexico City 1968 konnten auch in Europa live gesehen werden. Aus München sendete 1972 eine Weltregie (von ARD und ZDF) Direktübertragungen in 98 Länder. Die Spiele von Los Angeles 1984 sahen mehr als 2,5 Milliarden Menschen. Live-Berichte aus Atlanta 1996 wurden auch auf den afrikanischen Kontinent gesendet. An den Übertragungen aus Rio 2016 nahm die Hälfte der Weltbevölkerung teil.

Die Olympischen Spiele heute – ethische Überlegungen

Den Sinn der modernen Olympischen Spiele fasste Coubertin in der Formel zusammen: »*Citius – altius – fortius*«, höher – schneller – weiter. Sie gibt das an, was für die Spiele heute wesentlich ist. Es geht um permanente Steigerung im quantitativen Sinn: um Steigerung der Zahlen bei den sportlichen Ergebnissen, bei der Anzahl der Teilnehmer und Sportarten, bei den Kosten für die Infrastruktur, bei der Zahl der weltweiten Zuschauer, der Einnahmen für das IOC. Coubertin konnte es nicht vorhersehen, aber sein Motto fasst in prägnanter Form zusammen, was die Teilnehmer, Organisatoren und Beobachter bei den Olympischen Spielen heute bewegt. Kann aber permanente Steigerung der Sinn einer Veranstaltung sein, die zur Weltkultur beitragen will? Ist ihr Sinn, dass sie von Mal zu Mal teurer wird, dass die Leistungen der Sportler und der Aufwand der Organisatoren immer weiter steigen?

Das Prinzip der Steigerung erzeugt keinen Sinn. Es ist ein *quantitatives* Prinzip; es drückt in Zahlen aus, was eine Veranstaltung über einen Vergleichswert hinaus hervorgebracht hat. Den Sinn fasst man hingegen mit den *Qualitäten*, den Eigenschaften, die ein Ereignis *für die Beteiligten* hat. Warum sind für uns Olympische Spiele wertvoll? Man sollte meinen, dass das IOC darauf eine Antwort hätte. Was es dazu sagt, ist jedoch wenig überzeugend. Es verweist auf die olympischen Werte, die angeblich von den Olympischen Spielen verwirklicht werden: Fairness, Ritterlichkeit, olympischer Geist. Aber stimmt das, werden die Ereignisse bei den Spielen von diesen ethischen Normen geprägt? Waren denn die Spiele von Sotschi fair? Wurden die mutigen afroamerikanischen Olympiasieger von 1968 über 200 m (Tommie Smith, John Carlos), ritterlich behandelt? Waren die Spiele in Peking vom olympischen Geist durchweht? Ging es dem einheimischen Publikum 1980 in Moskau und 2016 in Rio, als es die Konzentration des Gegners ihres Favoriten störte, um Völkerfreundschaft? Es bleibt nur ein Fazit: Gegenüber den ritterlichen Gesten sind die unwürdigen Handlungen weitaus in der Überzahl, insbesondere durch die Verbreitung des Dopings.

Das IOC beruft sich gern auf sportliche Gesten, die in der Frühzeit des Olympismus häufig vorkamen. Heute sind sie selten geworden. Auch mit der ethischen Selbstverpflichtung der IOC-Mitglieder ist es nicht weit her. Bei den Wahlen der Olympiastädte haben sich viele Mitglieder korrupt verhalten. Das IOC hat dieses Verhalten für unethisch erklärt, um die Urheber vor Strafverfolgung zu schützen. Unethisches Handeln ist im Kontext des Olympismus aber als das schlimmste Vergehen anzusehen: Die Beschuldigten haben ihre eigenen Regeln gebrochen. Man kann weiterhin fragen, ob das IOC die Athleten und Athletinnen fair, das heißt: mit Achtung behandelt. Sie sind es, die die Ereignisse hervorbringen, die das IOC für Milliarden von US-Dollars verkauft. Die wenigsten Athleten der Spiele erhalten einen Anteil an den Riesengewinnen; sie haben nicht einmal Rechte an ihren Bildern, die so viel Geld einbringen; bisher durften sie auch nicht auf den Sponsor hinweisen, der ihnen ihre sportliche Existenz ermöglicht. Die Werte, mit denen das IOC den Sinn der Olympischen Spiele begründen will, sind in der Realität des Sports heute zu schwach ausgeprägt, um ein ethisches Fundament abzugeben.

Bei den antiken Olympischen Spielen wurde ein Götterkult verbunden mit einer Wettkampfkultur gefeiert. Für das moderne Olympia hatte Coubertin einen christlichen Bezug ausgeschlossen. In dieser Frage stand er in der Denktradition der Aufklärung. Ihm schwebte *ein weltliches und universales Modell* vor: ein Fest, das sich von Griechenland aus über die Welt verbreitet und von anderen Ländern und anderen Kontinenten übernommen wird. Mit diesem Gedanken wich er vom antiken Vorbild ab, wie sein Widerstand gegen den Vorschlag des griechischen Königs zeigte, Athen als permanenten Festspielort zu bestimmen.

Coubertin verfolgte eine ähnliche Linie wie jene, die von Immanuel Kant in seiner Schrift *Zum ewigen Frieden* gezogen wurde. Kant entwarf dort den Gedanken eines Völkerbundes, der die friedliche Nutzung der Erde organisiert. Die Erde gehört *allen* Menschen. Das Land, das sie bewohnen, ist ihnen nur auf Zeit verliehen. Die vorübergehende Überlassung des Stücks Erde verpflichtet sie, anderen Menschen ein Besuchsrecht zu gewähren, wenn sie darum anhalten. Coubertin bestimmte, dass die Spiele für jede Ausgabe einem anderen Land überlassen werden. Dieser Gedanke passt zu Kants Idee viel besser als die antike griechische Praxis, die Spiele immer an einem heiligen Ort stattfinden zu lassen. Coubertin stellte die Spiele der ganzen Welt zur Verfügung. Niemand hat also Besitzrechte an ihnen; das IOC ist nur beauftragt, die Olympischen Spiele zu organisieren.

Welchen Sinn soll die Stadt dem Fest geben, das es auf Zeit beherbergt? In der Antike hatte der Stadtstaat, der mit der Organisation von Olympia beauftragt war, die Aufgabe, durch die Opfer und Wettkämpfe sowie durch die Aufnahme der Athleten und Gäste die *Gemeinsamkeit* aller Griechen zu bekräftigten. Das Griechentum bildete eine relativ kleine Gemeinschaft, die durch genau bestimmte Merkmale, die griechische Sprache und Kultur, klar von anderen Menschengruppen abgegrenzt war.

Ganz anders die modernen Olympischen Spiele: Sie wenden sich an alle Menschen. In allen Ländern der Erde kann man Bilder von ihren Ereignissen empfangen. Im Unterschied zu den antiken Spielen werden nicht andere Gemeinschaften ausgegrenzt. Fast alle Nationen senden Teilnehmer zu den Wettkämpfen; sie wollen dazugehören. Das gilt nicht nur für die Athleten – auch die Zuschauer nehmen Anteil an dem Ereignis. Bei den modernen Spielen wird eine *Gemeinsamkeit zwischen den Menschen* erzeugt. Sie alle haben ein Interesse an den Ereignissen bei Olympia. Dass es ein gemeinsames Interesse ist, kann man sich durch eine einfache Überlegung klarmachen: Alle Menschen könnten über die sportlichen Wettkämpfe und Zeremonien, die sie gesehen haben, miteinander kommunizieren, und sei es nur durch Ausrufe, Gesten, Bewunderung oder Ablehnung.

Die Eröffnungsfeier der Spiele von London und Rio mit dem Einmarsch der Nationen wurde von über zwei Milliarden Menschen gesehen. Die Sportler und Sportlerinnen, auf die sich das Interesse richtet, repräsentieren nicht nur ihr Land – für sie interessieren sich auch Menschen aus anderen Regionen und Kulturen. Als Zuschauer beobachten wir, wie sie sich gegenüber ihren Konkurrenten verhalten, wie sie mit ihren Gefühlen im Triumph und bei Enttäuschung umgehen. Ihr Verhalten gibt uns die Möglichkeit, mit ihrer Person mitzufühlen *und* sie zu verstehen: Die Athleten machen für uns etwas Menschliches sichtbar – Anstrengung, Emotionen, Glücksmomente, Angst, Erschöpfung, Gegnerschaft. In solchen Momenten des Sichtbar-Werdens von *Eigenschaften, die Menschen gemeinsam sind*, kann man den Sinn der Olympischen Spiele erkennen: Sie zeigen uns ein verbindendes Band zwischen den Menschen.

Coubertin wünschte, dass bei den Olympischen Spielen Beethovens IX. Symphonie aufgeführt werde. Ging es ihm um die Brüderlichkeit? Wie die Geschichte des Olympismus zeigt, hat er dieses Ideal über die Spiele hinaus nicht nennenswert fördern können. Es ist aber möglich, dass Coubertin die Absicht, die Beethoven mit Bezug auf Schillers Ästhetik des Spiels mit dieser Symphonie verband, in einem tieferen Sinn verstanden hat: Die Musik sollte in den Anwesenden das Gute wecken. Dies nicht in einem theologischen Sinn, sondern als ein emotionaler Antrieb, der von Innen her wirkt. Auf die Olympischen Spiele übertragen, bedeutet dieser Gedanke: Bei den Spielen kann ein Gutes entstehen, wenn man die Gemeinsamkeit zwischen den Menschen als *eine Aufgabe* versteht. Wenn man diese ernst nimmt, macht man die Begegnung, die sowohl zwischen den Athleten im Wettkampf als auch bei den Zuschauern entsteht, zu einer *ethischen Beziehung*. Das heißt für den Sportler: Achtung vor dem Gegner. Und für die Zuschauer: Wertschätzung des Athleten als Mensch. *Achtung und Wertschätzung des Anderen* wäre ein Wahlspruch des IOC, mit dem es das Erbe Coubertins bewahren könnte.

Lektüretipps

Alkemeyer, Thomas: Körper, Kult und Politik. Von der ›Muskelreligion‹ Pierre de Coubertins zur Inszenierung der Macht in den Olympischen Spielen von 1936. Frankfurt a. M. / New York 1996.

Gebauer, Gunter (Hrsg.): Olympische Spiele – die andere Utopie der Moderne. Olympia zwischen Kult und Droge. Mit Beiträgen von Thomas Alkemeyer, Pierre Bourdieu, Walter Burkert, Iring Fetscher, Allen Guttmann, John Hoberman, Dietmar Kamper, John J. MacAloon, Hans Lenk, Paul Veyne. Frankfurt a. M. 1996.

Goldblatt, David: Die Spiele. Eine Weltgeschichte der Olympiade. Göttingen 2018.

Guttmann, Allen: The Olympics. A History of Modern Games. Urbana (Ill.) 2. Aufl. 2002.

Heilmeyer, Wolf-Dieter / Kaltsas, Nikolaos / Gehrke, Hans-Joachim / Hatzi, Georgia E. / Bocher, Susanne (Hrsg.): Mythos Olympia. Kult und Spiele. Katalog des Martin-Gropius-Baus. München 2012.

Kistner, Thomas / Weinreich, Jens: Der olympische Sumpf. Die Machenschaften des IOC. München/Zürich 2000.

Kyrieleis, Helmut: Olympia. Archäologie eines Heiligtums. Darmstadt/Mainz 2011.

Lenk, Hans: Werte – Ziele – Wirklichkeit der modernen Olympischen Spiele. Schorndorf 1964.

– S. O. S. Save Olympic Spirit. Toward a Social Philosophy of the Olympics. Kassel 2012.

MacAloon, John: This Great Symbol. Pierre de Coubertin and the Origins of the Modern Olympic Games. Chicago/London 1981.

Schiller, Kay / Young, Christopher: München 1972. Olympische Spiele im Zeichen des modernen Deutschland. Göttingen 2012.

Sinn, Ulrich: Olympia. Kult, Sport und Fest in der Antike. München 1996.

Swaddling, Judith: Die Olympischen Spiele der Antike. Stuttgart 2004.

Zeyringer, Klaus: Olympische Spiele. Eine Kulturgeschichte. Bd. 1: Sommer. Frankfurt a. M. 2016.

– Olympische Spiele. Eine Kulturgeschichte. Bd. 2: Winter. Frankfurt a. M. 2018.

Meine persönliche Hall of Fame der olympischen Sportlerinnen und Sportler finden Sie online unter: www.reclam.de/detail/978-3-15-020558-7